改变孩子一生的一件家教小事

吴苾雯　卞庆奎　著

中国和平出版社

图书在版编目(CIP)数据

改变孩子一生的一件家教小事／吴苾雯,卞庆奎著.
— 北京：中国和平出版社,2012.8
ISBN 978 – 7 – 5137 – 0435 – 9
Ⅰ.①改… Ⅱ.①吴…②卞… Ⅲ.①青少年 – 家庭
教育 Ⅳ.①G78

中国版本图书馆 CIP 数据核字(2012)第 198688 号

《改变孩子一生的一件家教小事》
吴苾雯　卞庆奎　著

出 版 人：肖　斌
责任编辑：周　彧　何巧云
封面设计：北京上品分享文化传媒有限公司
责任印务：刘永来

出版发行：中国和平出版社

社　　址：北京市海淀区花园路甲 13 号院 7 号楼 10 层（100088）
发 行 部：(010)82093738　　　82093737(传真)
网　　址：www.hpbook.com
投稿邮箱：hpbook@ hpbook.com
经　　销：新华书店
印　　刷：北京东光印刷厂

开　　本：710 毫米 × 1000 毫米　　1/16
印　　张：14.5
字　　数：223 千
印　　数：1—8000 册
版　　次：2012 年 10 月北京第 1 版　　2012 年 10 月北京第 1 次印刷
（版权所有　　侵权必究）

ISBN 978 – 7 – 5137 – 0435 – 9　　　　　定　　价：23.80 元

魔鬼和天使都在细节中（代序）

　　人生会遇到许多岔路口，有的通往天堂，有的通向地狱。人的一生有多种可能，既有可能成为天使，也有可能成为魔鬼。

　　在存在着这些可能的岔路口，人们的选择却往往带有很大的偶然性，引导他们作出选择的，也许是一个很小的事件，也许是生活中一个不起眼的细节，也许是几句不经意的话，也许仅仅是一个小小的却印象深刻的行为。可是在这些小事件、小细节、小行为和不经意的话语的影响下，站在岔路口的人走进了不同的人生路径，从而也就有了不同的人生。

　　美国一位心理学家为了研究早期教育对人一生的影响，在全美选出50位成功人士和50名有犯罪记录的人，分别给他们去信，请他们谈谈母亲对他们的影响。信发出去不久，心理学家收到了许多回信，而其中有两封回信谈到的都是同一件事：小时候母亲给他们分苹果。

　　这两封信，一封是一个仍在监狱服刑的犯人写来的，一封是美国白宫一位著名人士写来的。

　　那封来自监狱的信说：小时候，有一天妈妈拿来几个苹果，红红绿绿的，大小各不相同。我一眼就看出中间的一个又大又红，十分喜欢，我很想要那个又大又红的。这时，弟弟抢先说出了我想说的话，妈妈听了很不高兴地瞪了他一眼，责备他说："好孩子要学会把好东西留给他人，不能总想着自己。"于是，我灵机一动，改口说："妈妈，我要那个最小的，最大的留给弟弟吧。"妈妈听了非常高兴，她在我的脸上亲了一下，表扬我是一个好孩子，还把那个又红又大的苹果奖给了我。我说谎话，却得到了我想要的东西。从此，我学会了说谎。以后我又学会了打架、偷盗、抢劫，为了得到想要的东西，我不择手段，直到有一天，我被送进监狱。

那封来自白宫的信说：小时候，有一天妈妈拿来几个苹果，红红绿绿，有个儿大的，也有个儿小的，我和弟弟们都急着要大的，妈妈把那个最大的苹果举在手上，对我们说："这个苹果最大最红最好吃，你们谁都想得到它。很好，现在让我们来做个比赛。我把门前的草坪分成三块，你们三人一人一块，负责修剪好，谁干得最快最好，谁就有权得到它。"

我们都同意妈妈的建议，因为我们都想得到那个最大最红最好吃的苹果，只有这个办法才是最公平的。于是妈妈给我们划定草坪后，我们几个人就比着干，谁都想干得最快最好。比赛结束后，我赢得了那个最大最红最好吃的苹果。我非常感谢母亲，她让我明白了一个最简单而又最重要的道理：要想得到最好的，就必须努力争第一。你想要什么想要多少，就必须为此付出多少努力和代价。正是母亲的教育让我一步步走到了今天。

一个人一生中最早受到的教育来自家庭，来自父母对孩子的早期教育。推动摇篮的手就是推动世界的手。父母是孩子的第一任老师，父母可以教孩子第一句谎言，也可以教他做一个诚实的人。父母可以教孩子做一个自私的人，也可以教他做一个善良无私的人。父母可以在孩子的心里播下暴力的种子，也可以在他的心里撒上爱的种子。一位早期教育专家认为，一个人6岁之前所受到的教育会影响他的一生。

当孩子带着一颗单纯得透明的心来到这个世界时，他们对这个世界充满了好奇、充满了求知的渴望，他们对父母有着一种天然的完全的信任，父母说那是花鸟、树木，他们就会认为那就是花鸟、树木，父母说天是蓝的、水是绿的，他们就会认为天是蓝的、水是绿的。如果父母将黑的说成白的，将红的说成绿的，他们也会毫不怀疑地认为那黑的是白的，那红的是绿的。

在孩子的眼里，父母无所不知，无所不能，父母说什么他们会信什么，在这个阶段，对世界一无所知的孩子，他们对父母所给予的信息是反映式的，父母的生活态度和言行举止，父母的心理和人格，就是孩子向这个社会学习的最好教材，就是孩子认识社会、认识人生的一面镜子。

父母以人格育人格。品行不良的父母很容易培养出品行不良的孩子，心理扭曲的父母，很容易使孩子失去辨别美与丑的能力。 从这个意义上来说，父母在孩子的幼年给孩子奠定什么样的生命品质，将决定着这个孩子的一生是否过得美好和幸福。

一个被父母唾弃的孩子，这个世界就是他的地狱。

那些"问题少年"，那些身陷囹圄的罪犯，许多人曾经都有过这样的岔路口，是发生在人生岔路口的一件小事改变了他们的一生。

笔者读到了一份对115名死刑犯犯罪原因追溯的调查报告。调查表明，这些罪犯从善到恶，从人到鬼决不是偶然的。他们的犯罪大都可以追溯到他们的童年，是不同的童年造成了杰出青年与死刑犯之分，更造成了健康青年与病态青年之分。他们中有30.5%曾是少年犯，61.5%少年时犯有前科，几乎人人都有过劣迹。

柏拉图说："**人是习惯的奴隶。**"英国诗人德莱敦说："**首先我们养出了习惯，随后习惯养出了我们。**"

当初播下什么样的种子，今天就会收获到什么样的果实。是人的行为、习惯、品质直至人格形成人的最终命运。

一位学者说：**造就一个人，或者毁掉一个人，就看你是如何被教育的。**

魔鬼和天使都在细节中。

目 录
CONTENTS

▶ ▶ ▶ 下　经验篇

上 教训篇

小白兔和大灰狼

上幼儿园中班那年我5岁。

一天晚上，妈妈给我讲小白兔和大灰狼的故事。聪明的小白兔智斗大灰狼，终于将大灰狼赶跑了。听完故事，我不解地问妈妈："为什么小白兔就是好的，大灰狼就是坏的呢？"

母亲愣了一下后，狠狠给了我一耳光，她声色俱厉地说："笨蛋，这难道还用问吗！"

我"哇"地一声哭了。她更不耐烦了，又狠狠抽了我两个耳光说："哭，哭，有什么好哭的，这么笨还好意思哭！"

莫名其妙挨了打，我却不知道自己错在哪里。那天晚上，我躺在床上心里一直愤愤地想，难道因为你是大人就可以不回答我的问题，就可以不讲理吗？难道因为你力气大就可以随便打我吗？

从那以后，我再也没有主动向妈妈提出过讲故事的请求。

见到晓宇的那天，下着雨，他撑着一把黑布雨伞走过来，在我对面的椅子上坐下来。

我打量着他，心里暗暗吃惊，他与我的想像太不一样了，瘦高的个子，白净的脸庞，说话慢条斯理，甚至带有几分羞涩。如果不是在这个特殊的地方、特殊的环境里，我确实很难将他与那个两次进出工读学校、劣迹斑斑的男孩子联系在一起。

在晓宇就读的工读学校我了解到，13岁那年，他上初一时，因多次聚众打架并打伤老师被送进工读学校。一年后，转至一所普通中学。上高一时，因多次抢劫低年级学生财物被再次送进工读学校。如今，他已是工读学校高二年级学生了。

在这之前，我曾给晓宇打过几次电话，想跟他聊聊，可他一直不愿见我。那天，我在电话里跟他讲起了两个不同的分苹果的故事：一个男孩说谎话从妈妈那里得到了想得到的苹果；一个男孩通过劳动竞争同样从妈妈那里得到了他想得到的苹果。可是两种不同的得到苹果的方式却演绎出了两种不同的人生。听完这个故事，晓宇在电话那头沉默了好久，最后，他答应跟我见面聊聊。

当我近距离观察晓宇时，我发现他的眼神很冷漠，冷漠中有几分凶悍，那不像一个孩子的眼神，虽然那种冷漠和凶悍时时被长长的睫毛遮蔽，但是仍让我的心有不小的震撼：一个还不到17岁的孩子，怎么会有这样一双眼睛？

听说晓宇的父母都是知识分子，父亲是某大型企业工程师，母亲是一家外资企业主管。这样的家庭怎么会培养出一个崇尚暴力的孩子？

我正琢磨着如何开始这场谈话时，晓宇咬牙切齿地从牙缝里蹦出一句话："我恨我妈！"他将那个"恨"字咬得又重又长。接着又补上一句："没有我妈就没有我的今天，你说我能不恨她吗？"

那天，我们谈了很久，在他断断续续的讲述中，我走进了他的童年、他的少年，走进了那个改变他命运的岔路口。

小时候，我长得很讨人喜欢，皮肤很白，眼睛很大，头发是自然地卷曲，别人都说我像个洋娃娃。由于父母在工作了几年后又双双考上了研究生，我从两岁开始就被送到爷爷奶奶家，与他们一起生活。爷爷虽然没有多少文化，可是他很会讲故事，什么《孙悟空大闹天宫》、《三打白骨精》、《三借芭蕉扇》都是他讲给我听的。那时候，我对这些故事简直着了迷，经常缠着爷爷要他讲故事。爷爷将肚子里的故事都讲完了，只好去买一些小人书回来看，看完后再讲给我听，但是爷爷从不照着书上念，而是用自己的语言讲出来，在故事里还加进了许多他自己的创作。那时候，我最崇拜的人就是爷爷和那些写故事的人。

上幼儿园中班那年我5岁，这年，父母研究生毕业，我被他们接回到身边。

母亲带我走的那天，我又哭又闹，我不愿去他们那里，在我眼里，他们很陌生，我在爷爷奶奶家那几年，他们只在寒暑假来看我。

我不愿跟她走，我说我要听爷爷讲故事，我要吃奶奶做的猪肉炖粉条。母亲哄我说，她会给我讲很多很多很好听的故事，她会给我做猪肉炖粉条。

我信以为真地跟着母亲回了家。回家的那天晚上，上床睡觉前我就想，妈妈一定会给我讲很多很精彩的故事。可是我在床上躺了好半天，一直没见她过来，而以往这时候，爷爷总是走到床边笑着对我说："小子，来，爷爷给你讲故事。"

我想，母亲一定是忘记了，便起床去找她，我对她说："妈，我要听故事。"

母亲正在台灯下写着什么，她不耐烦地说："你不见我正忙吗？"

也许她看出我很失望，想了想，她放下笔，从抽屉拿出一本童话书说，好吧，我来给你讲一个小白兔和大灰狼的故事：

一只大灰狼溜进了树林，树林里住着小白兔、笨笨熊、淘气狗、喇叭象、小刺猬、小山羊……大灰狼偷偷摸摸地摸到了一间红房子的窗前。大灰狼往屋里一看，满屋子的大老虎、小老虎，它们张牙舞爪，呼啸吼叫，大灰狼吓得出了一身冷汗："妈呀，这是老虎大王的家，进不得！"大灰狼灰溜溜地赶紧溜走了。

"嘻嘻嘻"，小白兔从大衣柜里蹦出来，朝着满屋子的老虎笑。原来，一面墙上的小老虎，是小白兔画出来的；墙对面的大老虎，是小白兔用放大镜照出来的，录音机里播放的《老虎之歌》，是小白兔从勇敢商店买来的碟片。小白兔靠自己的智慧将大灰狼吓跑了。

听完故事，我不解地问妈妈："为什么小白兔就是好的，大灰狼就是坏的呢？"

母亲愣了一下，然后狠狠给了我一耳光，她声色俱厉地说："笨蛋，这难道还用问吗？"

我"哇"地一声哭了。她更不耐烦了，又抽了我两个耳光说："哭，哭，有什么好哭的，这么笨还好意思哭！"

莫名其妙挨了打，却不知道自己错在哪里。那天晚上，我躺在床上心里一直愤愤地想，难道因为你是大人就可以不回答我的问题、就可以不讲理吗？难道因为你力气大就可以随便打我吗？

从那以后，我再也没有主动向妈妈提出过讲故事的请求，虽然她后来也经常给我讲故事，但我已失去了听故事的激情，也失去了对那些故事的好奇心，每一次都是她干巴巴地照本宣科，我呢，木然地听着。见我"傻呆呆的"（这是她的原话），她会伤心气愤地将书重重地甩在我脸上，然后拂袖而去。

那时我就想快快长大，长大了，有了力气，我就可以报复她。

5岁那年的那个晚上在我心里种下了一颗仇恨的种子，从那以后，每当她骂我、打我时，我心里便暗暗咬牙切齿地发誓：等我长大了，我一定要报复。

也是从那个时候开始我认识到，一个人弱小了就会被人欺凌，强大了就能欺凌别人。

我6岁半时上了小学。在班上，我个儿最高，比别的同学差不多高出一个头，有点鹤立鸡群的感觉。上小学不久发生了一件事，上课时，我向坐在我前排的一个同学借橡皮擦，他不肯借给我，我就从后面朝他的屁股狠狠踢了一脚。他"哇"地一声哭起来。老师跑过来问他怎么了，他说我用脚踢他的屁股。

老师怒不可遏地要我站到教室后面去。老师是男的，长得又高又壮，我想，如果我反抗，他一定会像拎小鸡一样将我拎起来摔出去，说不定还会揍我一顿。我不情愿地离开座位，到教室后面老老实实罚站。那天，我被整整罚站了一上午，腿站得又酸又麻，我狠狠地盯着老师，心里愤愤地想：等我长大了，看我怎么收拾你！

由于个子高，我在心理上感觉自己很强大，便经常对冒犯我或我看不顺眼的同学大打出手，班上的同学几乎人人都怕我，有的人千方百计地巴结我，我在学校渐渐坏得出了名。母亲经常被老师叫到学校，挨老师一顿训斥回来，她便将怒气发泄在我身上，狠狠地教训我，开始是扇耳光、扒下裤子打屁股，后来是打哪里顺手就打哪里，顺手抓到什么东西就用什么东西打，常常让我浑身挂彩。于是，我便将不能向她发泄的仇恨加倍发泄到同学身上。

小学毕业时，我已臭名远扬了。升初中时，与我所在小学对口的中学不愿要我，母亲去求了几次，人家根本就不理她。那天，她从学校受了一通气回来，进门就操起一根棍子朝我劈过来。我闪过身子，一把抓住她的手夺下了棍子，她几次扑过来想夺回棍子都被我狠狠地推开了，那时我已经一米七了，她根本不是我的对手，最后一次我将她推倒在地上，然后就跑了。那一次，我在游戏机室玩了三天三夜。第四天，父亲找到了我，将我押回了家。

这一次母亲没有打我，她也许知道自己已经不是我的对手，她只是恨恨地指着我说："我上辈子造了什么孽，怎么生出你这个东西。"

眼看快要开学了，那所中学仍不愿要我，母亲只好将我送到离她工作单位很近的一所中学。她认为这样能更好地监督我。每天早晨，我和她一起乘公汽去学校，下午放学，她一般都来接我和我一起回家，如果她有事了或要加班，我就一个人疯玩到很晚才回去。

在那所中学，开始我还是挺老实的，也想好好学习，可是没过多久，我的老毛病又犯了。那天，我的同桌告诉我，隔壁二班的一个同学将他的足球故意踢进了水坑，他找对方理论，对方不但不道歉还揍了他一顿。我听了，马上就说："我去帮你揍他！"

下了课，我去二班将那个同学喊出来，我说："你敢欺负我的同桌，你小子欠揍啊！"边说边一拳打在他脸上。血从他的鼻子里流出来，他捂着流血的鼻子转身逃回教室，我追进去拳脚相加将他打倒在地上，看他抱头惨叫着在地上翻滚，我心里有一种征服的快感。

每次打完架我都有这种快感，我想母亲当年打我，我无力反抗、抱头鼠窜，她心里也许就有这样的快感。征服人与被人征服，那感觉是完全不同的，是母亲用她的暴力让我明白了这一点。

这件事情发生后，我受到留校察看处分，家里还赔了对方医药费。我成了学校人人皆知的坏学生。

我第一次被送进工读学校是初一下学期。

事情起源于一堂数学课。教我们数学的是一个长着一撇小胡子、说话有点娘娘腔的老师。那节数学课是在下午，我昏昏欲睡，勉强撑了半节课后终于趴在桌上睡着了。突然，我感到头皮一阵刺痛，我睁开眼睛，发现自己的头发被数学老师狠狠地揪住了，那只揪住头发的手正用力地将我的头往后扳，我感到头发仿佛在一根根被连根拔起。我怒火中烧，握紧拳头就朝他猛击过去，他惨叫一声松开了手。我的拳头正打在他眼睛上，那眼睛立马就一片青紫。他愣了片刻后向我扑过来，我又一头将他撞倒在地上。我想起小学一年级罚我站的那个长得又高又壮的老师，心里充满了复仇的冲动和快感。

当天下午，学校就作出了开除我的决定，并将我父母通知到学校，当面向他们宣布了这一决定。

说实在的，事后我心里也有点后悔，我并没有想到会有如此严重的后果。

那天晚上，父母铁青着脸，家里的空气仿佛一点就着。我想，反正已经这样了，该怎么的就怎么的吧。我摆出一副死猪不怕开水烫的架势。

在家待了几天后，母亲说要送我去工读学校。那时我不懂什么是工读学校，在家待了几天也觉得腻了。我就说："去就去吧。"

到了工读学校才知道，被送到这里来的大都是像我这样被其他学校扫地出门的学生。

我在工读学校的表现不算太坏，也许这里坏学生太多了。在工读学校上完了初二，母亲说我必须离开工读学校，要不然就只能拿工读学校的毕业证，如果拿的是工读学校的毕业证，即使考上了普通高中人家也不会要我。

她托人为我找到一所地处市郊的中学，她隐瞒了我从工读学校出来的实情。因为离家远，只能住校，我心里暗暗高兴，这样我就不用每天面对母亲那双像刀子一样的眼睛了。自从她打不动我了，她就无时无刻不用那双像刀子一样的眼睛伤害我。

　　我只是爱打架，成绩并不差，初中毕业时，我考上了一所普通高中。可是只上了一个学期，我又第二次被送进了工读学校。这一次进工读学校的原因是我犯了两次事，一次是我将一个同学的鼻梁骨打断了，没多久，我又多次将一个低年级同学的财物洗劫一空。其实我并不缺钱花，我"擂肥"的目的并不是为了钱，我是看那个人不顺眼，想吓唬他、教训他。

　　这次被学校开除后，是我自己要求来工读学校的。我觉得，在工读学校我能找到一种平等的感觉。在原来的学校，我总是被人看成"渣滓"，看成"小混混"，没有人把我当人看，老师给我白眼，同学像躲瘟疫一样躲着我，我想，既然你们都这么看我，我就破罐子破摔了。

　　别看我走到哪里打到哪里，耀武扬威的，其实心里并不快乐，有时还很压抑、很痛苦。随着年龄的增大，这种痛苦越来越像毒蛇一样缠着我，我看不到前途，看不到希望。

　　我不是天生就是一个爱打架的坏孩子，我变成今天这个样子，我母亲她难道没有责任吗？童年里的许多事我都忘记了，却忘不了5岁那年她给我的第一个耳光。当时我不懂她为什么打我，今天我明白了，她是要用暴力赢得一种心理高度，证明老娘比儿子厉害。

　　天渐渐昏暗起来，雨还在淅淅沥沥下着，晓宇撑开雨伞走进雨中，望着他渐渐消失的背影，我的心沉重如铅。

> 做母亲的无论怎样忙，她必须找时间教养孩子，即使影响了自己的休息或者家务操劳。
>
> ——（前苏联）马霍娃

我有拳头我怕谁

我第一次认识拳头的厉害是7岁那年。

那天放学后，我跟小冬一块回家。在路上，小冬将尿撒到我裤子上了。我害怕回家挨骂正"呜呜"哭着时，爸爸刚好路过那里。听说小冬将尿撒到我裤子上了，他脸都气歪了，说："哭有什么用，去，狠狠踢他的蛋，看他下回还敢不敢！"

有爸爸给我壮胆，我冲上去对着小冬的裤裆狠狠踢了两脚。见小冬抱着身子疼得在地上打滚，爸爸拉起我的手说："走，咱们回家。"

晚上，小冬的父亲来找我爸爸理论，又被我爸一个直拳撂倒在地上。从那以后，小冬见了我就像老鼠见了猫。

徐鹏，男，17岁，因抢劫、伤人致残，后被关押进少管所。

从少管所干部提供的案卷里，我对徐鹏的犯罪事实有了了解。

徐鹏的家在长江边一座县城里。小学5年级时，他因打架斗殴受到记过处分。初中二年级时，又因聚众斗殴再次受到记过处分。之后，徐鹏干脆不上学，在社会上游荡鬼混。没过多久，他就靠拳头打出了一片天地，成了一帮小混混的"老大"。

当了"老大"后，徐鹏经常带着那帮小兄弟出入校园、游戏机室，干起了"擂肥"的勾当。他们中有"踩点"的，有设套引人上钩的，还有专做打手的。他们专找一些年纪小的学生动手，或将他们诱骗到僻静处，将他们身上的钱洗劫一空；或将他们劫持到校外、游戏机室外威逼他们将钱尽数掏出。

后来，徐鹏在他的交代里说："几乎每次我们都能轻易得手，因为他们害怕挨打，只要我将拳头在他们面前挥一挥，他们就会乖乖地将钱拿出来。而且我告诉他们，如果敢告诉家长或老师我将会重重地收拾他们。所以，我们干了好多次，没有一个人敢揭发我们。"

一次，徐鹏手下的一个小混混告诉他，有一个叫刘雪峰的男孩家里很有钱，他经常拿着100元的钞票在游戏机室一玩就是一个通宵。徐鹏决定将他作为"擂肥"的重点对象。

那天晚上9点多钟，徐鹏让手下一个小兄弟去游戏机室将刘雪峰骗出来。那人凑到正玩得起劲的刘雪峰跟前说："哥们儿，外面有人找你。"

刘雪峰问："谁呀？"

"他说是你同学。"

刘雪峰极不情愿地离开游戏机，刚走到门外，徐鹏和几个小兄弟从两边包抄过来，将他挟持到一个偏僻处，让他拿出身上的钱。没想到刘雪峰是个胆大的，他装着要掏钱的样子，趁徐鹏松开手，拔腿就跑，转眼就跑得没影儿。

徐鹏气得直跺脚，自上了黑道以来，他还从没失过手，刘雪峰让他在弟兄们面前丢尽了面子，他发誓一定要好好收拾刘雪峰。

徐鹏打听到刘雪峰是某中学初一（2）班学生，并知道了他家的住址。第二天下午，他和几个小兄弟守在刘雪峰回家的路上。那是一条行人相对较少的巷子。下午6点钟左右，天已经有点黑了，刘雪峰终于在巷子口出现了。待他走近，徐鹏带着他的小兄弟一窝蜂拥上去，将刘雪峰扑倒在地上，在雨点般的乱拳下，刘雪峰气息奄奄。

经医院鉴定，刘雪峰左眼失明，两根肋骨被打断。根据刘雪峰提供的线索，徐鹏及其同伙很快被抓获归案。

管教干部告诉笔者，徐鹏被送到少管所后，曾有一段时间情绪很低落，经过管教干部的引导，现在对自己做的坏事开始有了反省意识。管教干部还告诉我，徐鹏被关进来后，他父亲曾来看过他，但他拒绝与父亲见面，而且拒收家里给他送来的任何东西。

在少管所的一间会见室里，我见到了徐鹏。他光头，面色有点苍白，额上有一道刺目的伤疤，唇边浅浅的茸毛，使他看上去还像个孩子。如果不是看了他的案卷，如果不是那道像蚯蚓一样爬在额上的伤疤，很难相信他是个劣迹斑斑的黑道上的"老大"。

开始，我们的交谈很艰难，他几乎一直低着头，很简短地回答着我的问话。后来我问他："听说你父亲来看你，你不见他，为什么？"

他更深地低下了头，我发现他放在膝盖上的手在微微颤动。

"不愿见你父亲，是不是担心他会骂你？"我问。

他摇摇头。

"你怕看见他伤心？"

他更用力地摇头。

"你觉得对不起他，心里愧疚？"

他突然坐直身子，抬起头，面无表情地说："不，我恨他，不是他，今天我不会坐在这里。"

"没有哪个父母不望子成龙，没有哪个父母不希望自己的孩子幸福，我想你的父亲也一定是这样希望的，你为什么恨他呢？"我说。

他沉默了一会儿后，说："也许他是希望我幸福，可是他的教育却让我以为，有一双厉害的拳头就有吃的有喝的有玩的，就能天不怕地不怕。直到进来了我才知道，我走的是一条绝路，如果不是这次犯了事被抓进来，也许有一天脑袋掉了都不知自己错在哪里。"

在徐鹏断断续续的讲述中，我渐渐明白了他为什么对父亲如此怨恨。

我第一次认识拳头的厉害是7岁那年。

那天放学后，我跟小冬一块回家。小冬家跟我家在一个小区，中间只隔着一栋楼。小区院子里有滑梯、单杠，还有平衡木。我玩了一会儿平衡木，又爬上了滑梯，没想到我从滑梯上滑下来时，小冬正对着滑梯撒尿，一泡热乎乎的臊尿有一大半撒在了我裤子上。

那天我穿的是妈妈刚给我买的新裤子，害怕回家挨骂，我站在那里"呜呜"地哭了。正在这时，爸爸骑自行车过来了，他问我为啥哭，我指着小冬说："他把尿撒到我裤子上了。"

爸爸听了，脸都气歪了，说："哭有什么用，去，狠狠踢他的蛋，看他下回还敢不敢！"

我还在迟疑着，只见爸爸走过去一把揪住小冬的衣领说："来，对着这小子的蛋踢。"

有爸爸给我壮胆，我冲上去对着小冬的裤裆狠狠踢了两脚。见小冬抱着身子疼得在地上打滚，爸爸拉起我的手说："走，咱们回家去。"

吃过晚饭，我和爸爸正在看电视，有人摁响了门铃。爸爸起身开门，门刚拉开一半我就看见了小冬和他爸爸，小冬畏缩地躲在他爸爸身后抽抽噎噎地哭着。我吓得赶快溜进房间躲起来。

这时，我听见小冬爸爸说："你儿子将我儿子的蛋都踢肿了，听说你当时就在现场，你这个做大人的怎么不管管你儿子？"

"是你儿子故意将尿撒在我儿子身上，现在你倒有理了，我儿子是踢了他，踢他是让他长记性，以后少做坏事。"

"你怎么这样说话？他是个小孩子，即使做错了事，你这个大人也不该怂恿自己的孩子打人啊，还要踢他的命根子，踢坏了怎么办？"

"踢坏了活该他倒霉，谁让他做坏事。"

这时，我见爸爸理直气壮，也从房间出来了。

小冬爸指着我爸说："你这人怎么这么不讲理，你儿子将我儿子蛋踢肿了，你连声道歉都没有，这件事总不能就这样完了吧。"

我爸拧着眉头说："你想怎么样？想敲诈是不是？我告诉你，没门儿！

快滚，滚远点，不然我不客气了！"

小冬爸比我爸矮一头，斯斯文文的戴着一副眼镜，真的打起来，他决不是我爸的对手。

我爸正要关门，小冬爸上前一步拉住门，只见我爸挥手就给了他一个直拳，将他仰面朝天地打倒在地。然后，"砰"地关上门。

我听见小冬爸爸在门口大声叫骂。爸爸却若无其事地坐在沙发上看电视。叫骂了一会儿后，小冬的爸爸就走了。

后来我听说，小冬的爸爸将此事投诉到学校，也许学校觉得是在校外发生的事，学校没有责任，所以也没找我爸和我什么麻烦。这件事就这样悄无声息地摆平了。

从那以后，小冬见了我像老鼠见了猫，远远地躲着我。

也是从那时开始，父亲在我眼里成了英雄，成为我崇拜的偶像，我甚至为父亲的拳头骄傲。因为有父亲拳头的保护，我变得骄横而又霸道，我想欺负谁就欺负谁，我想要谁的东西谁就得给我，如果有人想违抗，我就用拳头去教训他。当然，并不是每一次都能战无不胜，有时遇到比我狠的，我也会被别人的拳头打倒在地。每当遇到这样的敌手，父亲就会赶去毫不留情地将对方教训一顿。回来后还安慰我说："不要紧，打倒了爬起来再打，那才是真正的男子汉。"

在父亲的怂恿下，我在暴力的路上越走越远。

我相信父亲并不是有意要将我往坏道上引，他只是不希望我吃亏，不希望我成一个孬种。但是他却没想到，这种怂恿却潜移默化地告诉了我一个道理：拳头就是真理。而且这种怂恿还让我错误地认为：我有拳头我怕谁。

父亲希望我成龙，我却背离了他的初衷，成了一条害人的虫。这个结果也许是他万万没想到的。

要说父亲一味地怂恿我也有点冤枉他，到小学五年级时，他也想让我收敛野性，也想让我重新做人。让他有这个认识的，是当时发生了两件事。一件事是，我将一个同学的手臂打骨折了，学校给了我记过处分。另一件事是，我在一次斗殴中险些被人拿刀砍死。这不，额头上的这条伤疤就是那次留下的。

父亲也许意识到了严重性，发生了那两件事后，他用拳头狠狠地教训了我。可是已经晚了，我已经习惯用拳头说话，已经习惯用拳头去要我想要的东西。为了监督管束我，父亲每天早晚都到学校来接送我，有时甚至不上班守在学校里。可是这并没有管住我的野性，挥拳动脚的事还是经常发生。父亲只要知道了，就会揍我一顿。他以为我会屈服于他的拳头，他以为我会在他的拳头下变成一个好孩子。可是他却不知道，面对他挥过来的难以抵抗的拳头，我想的是怎样才能练出一双能抵抗他拳头的拳头。

他对我彻底死心，是我上初二时。那时，我结识了社会上一些不上学的小混混，他们中，有的是被学校开除的，有的是不上学了自己从学校跑出来的，也有的是父母离异没人管的孩子。我经常从学校逃出来跟他们混在一起。开始，有人见我个子不高就欺负我，可是领教了我的拳头后，他们再也不敢欺负我了。

初二下学期，发生了一件事。我们学校高二的一个男孩打了我一个兄弟。起因其实很简单，我那个兄弟在学校食堂买饭时插队，两人发生了口角，那个高二学生仗着人高马大，将我小兄弟的脸打得开了花。小兄弟哭着来找我，我不能坐视不管，便纠集了几个社会上的小兄弟将那个高二学生狠狠揍了一顿。后来听说他去医院验了伤，鼻梁骨折了。

没想到，那个高二学生的父亲与我父亲是一个单位的，还管着我父亲。这下事情就闹大了，父亲在单位，上司不给他好脸色，父亲不但亲自去他家里看望赔礼，赔偿了全部医药费，还送去了5000元营养费。

回来后，父亲将气全撒在我身上，那是打我最厉害的一次，打得我眼睛肿得睁不开，过了一个多星期才慢慢消肿。同时，学校又给了我记过处分。我心灰意懒干脆不上学了，后来又干脆不回家，没钱了就去抢，游戏机室就是家。

开始，父亲来找过我几回，找回去了就一顿痛打，可是无论怎么打我也要跑，后来他对我死心了，也不再找我了。

判了刑，进了少管所，我失去了自由，我觉得自己的一生算是完了，想自暴自弃。可是管教干部对我很关心，他们一次次地找我谈心，还帮助我分析走上犯罪道路的原因。这让我第一次审视自己走过的路，原来我只怨恨父亲动不动就打我，现在我怨恨的是父亲不该在我年纪那么小的时候就让我迷恋上了暴力。

我不知道徐鹏的父亲如果听了儿子的这一番话会有怎样的感想，后悔？自责？痛不欲生？可是这一切都已无法改变儿子的命运。

> 在道德教育方面，只有一条，既适合于孩子，又对各种年龄的人来说都最为重要，那就是：绝不损害别人。
>
> ——（法）卢梭

冷漠的证词

第一次认识暴力，是上小学三年级的时候。

我上学不久，父亲即着手实施对我的"培养"计划，当我的同龄人还在做两位数加减法时，我就被父亲送进奥林匹克数学辅导班学习。一天，老师给我们布置了几道数学题，让我们当场做出来。其中有一道题，我冥思苦想了好半天也没做出来，可是我旁边的一位同学却做出来了。

这件事被父亲知道了，他暴跳如雷，将我往死里打，他说我给齐家丢了脸，他说齐家的祖先有人做过清朝的太师，他说他的名字也被社科院的专门人才库收录进去。他决不允许因我的不争气、没出息，让齐家蒙羞。

最后，他斩钉截铁地告诉我："你要超过我！决不能给齐家丢脸。"

为了不给齐家丢脸，为了实现儿子超过老子的美梦，他一次次地对我举起了棍棒。

初夏，记者张严平和肖敏踏上了去某看守所的路。

他们此行是去采访一个名叫齐刚的少年犯。两个月前的一个晚上，16岁的齐刚在家中杀死了他的亲生母亲。他计划中的下一个目标是他的亲生父亲，只是这一步还没来得及做他就被抓起来了。

此前，他们采访了齐刚的老师和同学。老师说："他是我教过的天赋最高、学习最好的学生，将来考重点大学没问题。"

他的同学们这样描述他：开朗、热情，从没与人吵过嘴打过架，谁学习上有什么困难，他都愿意帮助；他当过团支书，班上许多文体活动都是他组织的，他还有很多爱好，电脑、篮球、画画、写诗……

"十六岁的风，十六岁的雨，十六岁的你我，带着十六岁的梦幻与迷离……"这是出事前齐刚写下的一首诗。几个月后，当记者拿着这首诗在某看守所一间没有窗户的小屋里见到他时，他已沦为一个囚犯，一道冰凉的铁栅栏隔断了他的自由。

隔着铁栅栏，他微低着头坐在远道而来的两位记者面前，他说话声音很小，稚气而羞涩的眼神里有很深的忧郁。每当谈到父亲，他眼神便会格外暗淡。

齐刚的父亲是1977年国家恢复高考之后的第一届大学生，现为县水电部门的一名技术员。齐刚说父亲对他常说的一句话是："你要超过我！"他希望儿子比他这个技术员更有本事，更有出息，更有地位，更能光宗耀祖。

然而，在齐刚的感受中，父亲的理想恰恰成为他生活中失去自由与快乐的枷锁。

从记事开始，骂和打几乎成了我接受父母教育的唯一方式。在家里，我没有自尊、没有自由、没有尊严，他们想打就打，想骂就骂，想怎么凌辱就怎么凌辱，想使用酷刑就使用酷刑。他们用拳头、棍棒和各种酷刑让我认识了什么是暴力。

第一次认识暴力，是上小学三年级的时候。

我上学不久，父亲即着手实施对我的"培养"计划，当我的同龄人还在做两位数加减法时，我就被父亲送进奥林匹克数学辅导班学习。一天，老师给我们布置了几道数学题，让我们当场做出来。其中有一道题，我冥思苦想了好半天也没做出来，可是我旁边的一位同学却做出来了。

这件事被父亲知道了，他暴跳如雷，将我往死里打，他说我给齐家丢了脸，他说齐家的祖先有人做过清朝的太师，他说他的名字也被社科院的专门人才库收录进去。他决不允许因我的不争气、没出息，让齐家蒙羞。

最后，他斩钉截铁地告诉我："你要超过我！决不能给齐家丢脸。"

为了不给齐家丢脸，为了实现儿子超过老子的美梦，他一次次地对我举起棍棒。

从小到大，星期六、星期天我都必须留在家里学习，不能出门，功课做完了也不行。我不能随便与同学交往、交朋友。我喜欢画画，但除了上绘画课，我不能随心涂抹，因为这是不务正业。至于作业、考试，那是只能好，决不能差。一旦这所有的"不能"被冒犯，等待我的必然是一顿辱骂和痛打。

一次，一个跟我关系很好的同学因考试没考好，心里不好受，便给我写了一封信诉说自己的苦恼。不巧，这封信被母亲看到了，她不但将我大骂了一顿，而且还把信撕了，并警告我不准给那个同学回信。在母亲眼里，考试没考好的学生一定是不好好学习的学生，近墨者黑，应该离他们远远的。

有时，我功课做完了，忍不住在本子上画点什么，如果被父母看到，总免不了又是一顿打骂。每次父亲打我，母亲都在一边帮腔助威。

他们像看犯人一样地看着我，不允许我有丝毫的懈怠，更不允许我做任何跟学习无关的事。他们只关注我的考试成绩，考好了没事，考不好就会挨打。学习已不是一件快乐的事，而是一种折磨，一种枷锁。学习已不再是我自己对知识的渴望和需求，而是父母逼迫打骂之下的无奈选择。

我恨我的父母！开始他们打我，我还想可能是自己做错了，到后来，明知是错我也要做，我就是想要报复他们。

我的"逆反"是以最"安静"的形式出现的，我挨打从不流泪，即使见了血，也绝不吭一声。我开始在星期六、星期天出逃，经常整夜不归家。

后来，我偷了家里的1万多元钱出走银川。我这一次想的就是不再回来了。一个月后，我被一纸"寻人启事"找回了家。回家后，父亲将我绑在暖气管上，用生火的铁钳子狠狠地打我，一只胳膊被打折了。当夜，父亲又命令我吃下10盒"龙泉"牌香烟的烟丝。我最终吃下多少已记不清了，只记得烟丝嚼在嘴里咽不下，吐出来，父亲又逼我吃进去。第二天早晨，母亲又继续逼我连续抽下5盒香烟，不抽，就打。

打完了，让我去上学。我胳膊上吊着绷带，腿也瘸了，同学问我怎么回事，我没说。其实他们知道我是被我父母打成这样的，他们都知道我在家里经常挨打，这次我拿了家里的钱跑出去那么长时间，我父亲还不将我往死里打！

出事以后，齐刚的父亲对他愤怒到了极点。他说，这孩子天赋好，我把全部精力都放在他身上了，家里也从来没有亏待过他，每天早晨都保证他有两个鸡蛋，三天两头有肉吃，他妈变着花样给他做好吃的，他怎么就这样没有人性！

有人问他："你们对孩子这种严酷打骂的教育方式是成功，还是失败？"

他回答说："我不认为我对他有什么过错。不打，他就更厉害！"接着他又懊丧地说了一句："他不是我的儿子！"

不管父亲认不认齐刚这个儿子，齐刚身上流着他的血液，这却是永远也改变不了的事实。

隔着铁栅栏，齐刚对两位记者说："我的父母从来没有理解过我，我不爱他们。"

"你最想让父母理解的是什么呢？"他们问。

"我想让他们知道，在好好学习的同时，我还想做些别的事，比如和同学一起玩，比如画画，还有……"他沉默了。

"还有什么？"他们问。

过了许久，他声音低沉地说："我父母对我奶奶不好，我很伤心。"

他回忆自己最温暖的日子是1岁到5岁跟奶奶一起生活的时光。5岁起，他和奶奶被父母从乡下接到城里，父母对奶奶的冷漠使他幼小的心灵第一次感受到疼痛。

据齐刚的弟弟说，齐刚对奶奶很好，奶奶最后几年眼瞎了，每到吃饭，他总把自己碗里的肉用筷子夹着送到奶奶嘴里，晚上睡觉，他总是搀扶着奶奶把她送上床。

奶奶去世的那一天，他在同学家住了一夜，他躺在床上跟同学讲起了奶奶，讲着讲着就哭了，他说："我最爱的人没了，我对生活心灰意冷。"

他们问齐刚："你有没有想过把自己的感受与想法跟父母讲一讲？"

"想过。"

"讲了没有？"

"没讲。"

"为什么？"

长久地沉默，之后，齐刚说："有一次，我爸要和我谈心，家里只有我们两个人。他问我为什么学习成绩下降。我想告诉他真正的原因，但又不敢说，想想这些年经历的许多事，我忍不住哭了。这是我长大后第一次在我爸面前流泪。我真想他拉着我的手，鼓励我说出心里的话。可是我爸见我哭了，骂了一句'鳄鱼的眼泪'。从那以后，我再也没在他面前流过泪。只是自己一个人时，偷偷哭过。"

"你心里的苦恼跟老师、同学说过吗？"他们问。

"跟一些同学说过，但没有跟任何一个老师讲过。老师也找我谈过话，但都是谈学习的事。"

齐刚的老师说，在齐刚第一次出走回来后，他曾找齐刚谈过一次，只是告诉他外面的骗子很多，一个人在外面很危险，还有专门贩卖人体器官的，想吓住他，后来他还是跑了。

他的另一位老师回忆说，新学期开学时，他知道齐刚出走过，就让他写一份不再出走的保证书，并要他父亲签意见。他父亲写道："齐刚出了什么事，与老师无关，与家长无关，一切后果由他自己负责。"

他们问齐刚："如果有一个老师真正了解你的心思，与你贴心地谈一谈，你还会做出这件事吗？"

"不会。"他肯定地说。

齐刚后来又出走了一次，用他自己的话说是一种对父母的报复，也是一次最后的努力。

出走前，他在日记本里写了一段心里的话："其实，我也不想走，有这么多的好朋友，我还走什么？可是我没法在这里待下去。我也曾经想到过死，可是不行，虽然那也是一种解脱，可是我不想就这么死，我还要干一番事业。朋友劝我忍，可是我已经忍了10年了，我不想再忍了。我将怀着两种心情离开这里，一种是对家庭对这里的厌恶，另一种是对同学对朋友的留恋……

齐刚把这个日记本故意放在学校课桌里，他想，自己出走后老师必然会把日记本交给他父母，他期望父母在看到日记后会有所震动和反省，会有所改变。如他所料，当老师发现了那本日记后，马上交给了他父母。可结果是，齐刚被找回来后，又遭受了一顿空前的皮肉之苦。

从那以后，那篇日记便成了父亲捏在手里的、证明他变坏的"罪证"。

在齐刚视为樊笼的家里，他没有自由，可是网上生活却给了他最终向往的自由天地。

齐刚说他是从初二开始接触电脑的，那个奇妙的玩意儿一下子就吸引了他，他常常在课后走进网吧。拿他自己的话说，从接触电脑的第一天起，他终于在备受压抑、备感痛苦的生活中找到了一片自由快乐的天地。在那里，他阅览天下新闻，玩游戏，还交了许多网友，与网友聊天，是他最开心最高兴的事。

这件事他一直瞒着父母，直到有一天他父亲把他从网吧里抓出来。事情败露后，父亲严惩了他，把他那个记录着几十个网友地址、姓名的小本本撕烂了，硬逼着他吃下去。他说他一边嚼着纸片，一边有一种绝望的感觉。

两位记者与齐刚有过这样一段对话："你在网上最喜欢做的是什么？"

"看新闻、聊天。"

"上网最吸引你的是什么？"

"解脱痛苦，自由自在。"

"你向往做一个什么样的人？"

"自由的、自己能决定自己做什么并帮助别人的人。"

齐刚说他杀父母的念头几个月前就有了，他曾在一个笔记本上透露了他的心思，他还给四五个同学看过，那段话的大意是：我要干一件大事，干成了，就是天下最幸福的人，干不好，就可能进去。当时他的同学无论如何也不会想到，他所说的要干一件大事是要杀自己的父母。

齐刚说他杀父母的原因，是想尽早摆脱父母的管制，想做一个自由的、他们悲剧性的结局告诉人们，孩子并不是父母可以任意处置的私有财产，他们是有血、有肉、有个性、有自尊、有尊严的独立的人。如果父母们目中无"人"，无视孩子自尊和内心感受地谩骂和凌辱，就会让孩子心里的爱慢慢变成恨，这种恨也许会成为一把毁灭一切的烈火，将所有的希望化为灰烬。

自己能决定自己做什么的人。

问他想过这件事的后果没有，他说："想过。我知道这是违法的，法律会严惩不贷，一定会判坐十几年、二十几年牢，但是我当时想，如果我现在不坐，将来就要始终受父母制约，现在坐了牢，等以后出去我就一个人生活，就自由了。"

齐刚向往自由，可是被铁栅栏阻隔在另一边的他却彻底失去了自由，"十六岁的季节，风一样轻柔，雨一样缠绵，阳光、雨露、花瓣、轻风……"诗中的他，天真、烂漫。然而，他永远失去了这般美好的16岁。

发生的一切，已无法挽回。在这个家庭暴力的怪圈里，齐刚和他的父母，每一个人都是施暴者，每一个人又都是受害者。

> 爱其子而不教，犹为不爱也；教而不以善，犹为不教也。
>
> ——黄宗羲

红脸白脸

父母在我面前，向来一个唱白脸，一个唱红脸。

我最早的记忆是4岁那年。那天父亲下班回家，随手将上衣扔在沙发上。我发现从他上衣口袋里露出一张钱，便好奇地抽出来，是一张10元的票子。

我将钱拿在手里，正准备出门去买我最爱吃的草莓冰淇淋，父亲进来了，见我手里拿着钱，厉声问："这钱是从哪里拿的？"

我告诉他说："从你口袋里。"

依我当时的认知水平，认为从父亲口袋里拿钱就像从玩具柜里拿玩具一样，是再平常不过的事。

没想到，父亲脸色陡变，喝令我脱下裤子跪在地上，然后拿来一根竹条，对着我的光屁股一阵猛抽。

我翘着屁股趴在地上疼得大哭大叫，我不知道自己错在哪里，那个年龄的我，脑子里还没有"偷窃"的概念，也不知道"偷"的行为有多么可耻。

就在我疼得"哇哇"大叫时，母亲像一头发怒的母狮从厨房冲了出来，她一边紧紧护住我，一边冲着爸爸大喊大叫："你疯了，你干吗打孩子！"

有母亲护着，我更委屈了，便索性躺在地上，扯着嗓子嚎啕起来。

父亲气呼呼地扔下竹条走了，母亲则心疼地将我搂在怀里。

清明节，我在一家报纸的"讲述"专栏里读到了一篇祭文，祭文是一位署名"皮皮"的男人写的，写给他的父亲和母亲。

　　这是一篇我从未见过的特殊的祭文。

爸爸、妈妈：

　　我不知道人死了是否会有灵魂，我希望有。

　　你们去世已经5年了，5年来的每一个清明，我都想写点什么，是想给你们写点什么，可是每次拿起笔都思绪混乱。听说你们都是睁着眼睛走的，我知道你们为什么死不瞑目。也许你们怎么也不能明白，你们的儿子，在你们眼里又聪明又乖巧的儿子，怎么会变成一个骗子，一个让人不耻的人。

　　听到你们死讯的时候，我正被关押在看守所里等待审判。那是一个泣血的黄昏，我收到了妹妹的来信，她说爸爸听到我因诈骗被逮捕的消息后又惊又气，当天晚上就大面积脑溢血，第二天就去世了，死的时候，眼睛睁得很大，妹妹说爸爸是想在死之前再看我一眼。因悲伤过度，半个月后，妈妈也追随着爸爸去了。

　　当时看了信，我脑子里一片空白，我没有流泪，心里也没有太大的哀伤。那时，我的心已被绝望撕成了碎片，麻木得没有了痛苦的感觉。也许并不仅仅因为绝望，还有怨恨，是对你们的怨恨。

　　几个月后，我被法院以诈骗罪判处有期徒刑10年。

　　在狱中服刑的这几年里，我不断在反思自己，分析自己犯罪的原因。将这一切都归咎于你们也许是不公平的，但是你们是有责任的。一天看报，我读到了一篇文章，标题是《家庭——创造性格的工厂》。当时看了这个标题我心里便一震，一些早被岁月埋藏的往事一桩桩一件件从记忆深处浮现出来，从这些记忆里，我找到了今天的影子。

　　我其实一直生活在一个分裂的、让我无可适从的环境里。在我的记忆里，爸爸，你总是凶神恶煞，而妈妈则像老母鸡一样总护着我。我一直不能明白，你们对我，谁是真爱谁是假爱，或者说到底谁的爱更多一点。

　　我最早的记忆是4岁那年，爸爸第一次打我（也许以前也打过，但是我记忆最深刻的却是那一次）。那天爸爸下班回家，随手将上衣扔在沙发上。我正在沙发上玩变形金刚，一会儿就玩腻了，正百无聊赖，突然，我发现从爸爸上衣口袋里露出一张钱，我好奇地抽出来一看，是一张10元的票子。

我将钱拿在手里，正准备出门去买我最爱吃的草莓冰淇淋，爸爸进来了，见我手里拿着钱，厉声问："这钱是从哪里拿的？"

我告诉他说："从你口袋里。"

依我当时的认知水平，认为从爸爸口袋里拿钱就像从玩具柜里拿玩具一样，是再平常不过的事。

没想到，爸爸脸色陡变，喝令我脱下裤子跪在地上，然后不知从哪里找来一根竹条，对着我的光屁股一阵猛抽，边抽边骂："真是狗胆包天，小小年龄就知道偷钱，长大了还不去当强盗……"

我翘着屁股趴在地上疼得大哭大叫，我不知道自己错在哪里，那个年龄的我，脑子里还没有"偷窃"的概念，也不知道"偷"的行为有多么可耻。我只知道爸爸打我是因为我拿了他的钱，这事让他不高兴。

就在我"哇哇"大叫的时候，妈妈像一头发怒的母狮从厨房冲了出来，她一边护住我一边冲着爸爸大喊大叫："你疯了，你干吗打孩子！"

有妈妈护着，我更委屈了，我索性躺在地上扯着嗓子嚎啕起来。

爸爸气呼呼地扔下竹条走了。妈妈将我搂在怀里，心疼地抚摸着我被抽起了一道道血印的屁股，一边安慰我，一边骂爸爸心太狠，下手太重。

从那以后，我一直认为爸爸不爱我，真正爱我的是妈妈，年龄大一点以后，有时甚至怀疑爸爸不是我的亲爸，要不然为什么每次我犯了错误后，爸爸不是声色俱厉地骂我，就是狠狠地打我，就是平时，也很少给我好脸色，不是皱着个眉就是板着个脸。那时我对爸爸真是害怕极了，见了爸爸像老鼠见了猫。

可是妈妈对我却宠爱有加，百般呵护。正因如此，如果做了错事，我总是千方百计地在爸爸面前隐瞒，不敢让他知道，即使妈妈知道了，怕我挨打也不会告诉爸爸。有时在爸爸面前实在隐瞒不了，我就求助妈妈，寻求妈妈的庇护。

记得初一上学期期末考试，我有一门功课不及格。学校要召开家长会通报学生的考试成绩。我吓坏了，因为平时学校开家长会总是爸爸亲自去。如果爸爸参加了家长会，知道我有一门功课不及格决不会轻饶我。可是老师一再强调，每个学生的家长都必须去，没有去的，学校将个别通知家长到学校谈话。那就更糟糕了。

怎么办呢？想来想去，我决定还是硬着头皮将实情告诉妈妈。妈妈听了，也很不高兴，但是她没有骂我，只是要我保证，今后不贪玩，一定要好好学习。妈妈答应去开家长会，并答应帮我隐瞒这件事。

可是成绩单爸爸是要看的，一看就会露馅，如果露馅了，不但我隐瞒成绩的事爸爸知道了，而且蒙蔽他、让妈妈去开家长会的事也会知道，那样，我会罪加一等，得到更重的惩罚。

我决定一不做二不休，干脆自己修改成绩单。我用小刀轻轻刮去了那个该死的5，将58分改成了88分。

晚上，爸爸要看我的成绩单，我的心吓得怦怦直跳，妈妈神色紧张地匆匆瞥了我一眼，又赶紧低下头装着抹桌子。我只好硬着头皮拿出了成绩单。爸爸看成绩单的时候，我的心都提到了嗓子眼儿上，生怕看出了破绽。灯光有点暗，加上爸爸是近视眼，我终于蒙混过关。虽然妈妈知道我偷改成绩单的事，但没揭发我。因为在这场骗局里，妈妈实际上已成了我的同谋。

等爸爸睡下后，妈妈悄悄走进我房间，说："你胆子也太大了，居然敢自己改成绩单，要不是怕你挨打，我可不帮你隐瞒。记住，这种事以后再不能发生。"

我答应了妈妈，并搂着妈妈的脖子感谢她。

其实在这以后，类似的事情又发生了几次，由于有妈妈的庇护，每一次我都化险为夷。

慢慢地，我学会了在爸爸面前伪装自己，我将自己真实的一面隐藏起来，将自己的真实想法用谎话遮蔽起来。在爸爸面前我是一个低眉顺眼的、听话的乖孩子。

我学会了说谎，学会了见风使舵，我的人格是分裂的，一方面，我在爸爸面前扮演着乖孩子、好孩子，另一方面，我的心总在不安分地躁动着。做乖孩子好孩子很累，于是我便会在爸爸视线看不到的地方，做一做坏孩子，尽情地发泄发泄自己的野性。比如，欺负外校比我小的学生；比如，将同学坐的凳子锯断腿，用透明胶包上使其看起来像没断一样，可是上课时同学坐上去会摔得四脚朝天。当然，这样的坏事，老师是不会怀疑到我头上的，因为在老师眼里我是一个成绩又好又听话的好学生。

一个人如果长久地戴上一副假面具，那面具就会渐渐成为他的性格。

高中毕业后，我考上了大学，学的是金融专业。学这个专业是爸爸决定的，爸爸认为金融专业是热门专业，将来毕业了好就业。虽然我不喜欢与枯燥的数字打交道，但我对爸爸的决定不敢反抗，心里虽然一百个不愿意，却没有说半个不字。

爸爸从没问过我的理想，也从没问过我想干什么，其实我最想学的专业是哲学，我对哲学一直抱着痴迷般的热情，我觉得它是开启智慧之门的一门学问。上高中时，我迷上了苏格拉底、亚里士多德，后来又对培根、康德、黑格尔、马克思的著作产生了兴趣，马克思的《资本论》我看完了一多半。这些书我都是在高中阶段瞒着爸爸妈妈偷偷看的。

填报志愿时，我之所以不敢反对爸爸的决定，不敢谈出自己的爱好和愿望，是因为我知道，如果我说想学哲学，爸爸一定会坚决反对，爸爸会说，学哲学有什么用，将来怎么就业？

爸爸的话不能说没有道理，我的一个学哲学的同学毕业后，在家待业了一年多，后来去一所中学做了中学教员。我比他幸运，毕业后去了一家商业银行的分理处。

我被分配做柜台营业员，这个工作单调而又枯燥，我对它缺少热情。

上班没多久，一天，一位多年没见的老同学给我打电话，我问他现在在干什么，他说在炒股，我们在电话里聊了很久。几天后，他开着豪华奥迪来找我，当时我正准备下班，他邀请我去酒吧。

那是一家具有泰国风情的酒吧。坐下后，同学问我喝点什么，说着递过单子让我点，我看了看单子，有近百个品种，仅鸡尾酒就有十几种，什么"初恋"、"花前月下"、"海市蜃楼"、"雪白雪红"……每一种的价格都在30多元。我是第一次进酒吧，可又不愿在同学面前露怯，便点了一个"海市蜃楼"。

老同学高中毕业后没考上大学，先是做服装生意，后来炒股尝到了甜头，干脆生意也不做了，一门心思炒股，只炒了两年就进了大户室，现在车也有了，房也买了，老婆也娶回来了。听了他的发家史，我心里很失落，上了四年大学，也不过在银行做一个柜台营业员，人家没上大学，车有了，房有了，日子过得滋滋润润，在银行做个小办事员，想过有车有房的日子不知要熬到何年何月。

老同学也许看出了我的心事说："你想不想炒股？这段时间股市牛得很，随便买只股票都能赚钱。"

"我对炒股一窍不通。"

同学一拍胸脯说："你就跟着我干，我买什么股，你就买什么股。不过，实话得告诉你，炒股有赚有赔，要赢得起也赔得起，你得有这个心理准备。"

我心想，我是学金融的，你一个高中生都能炒成个大户，我应该不会比你差。

第二天，我带上自己的全部存款共计1.5万元进了证券交易所，在大户室里，我果然见到了老同学。他帮我在证券交易所开了户头，在他的指导下，我选了一只小盘股，共买进了1500股。

那些日子，我每天下班都要买份晚报了解股市行情，我还买回了一些炒股方面的指导书籍，研究炒股技巧。

半个月后，我挖到了第一桶金。我买的那只小盘股涨幅达到50%，我净赚了7000元。尝到了甜头，我已不甘心小打小闹，但是要大打大闹得有钱。

我不敢将炒股的事告诉爸爸，更别指望从家里拿钱炒股。那些日子，我天天绞尽脑汁想着如何弄到更多的钱。

一天，我从报纸上看到一则报道，某地一中年妇女以高息做诱饵，共骗得资金1000多万元。一个念头从我脑子闪过，如果我也许以高息，不愁弄不到钱，如果弄到了钱，投入股市，即使有30%的回报，我也能连本带利将钱还回去。

当时，打着这个如意算盘的时候，我也想过，万一赔了怎么办？可只是想了一下而已，一夜暴富的美梦像海妖的歌声强烈地诱惑着我，我坚信自己在这场博弈中能赢。

我将筹资的目标放在亲戚、同学、朋友身上，我打出的是高息揽储的幌子。我到他们中间游说，说银行为了揽储，将利息提高到了20%，将钱存到我们银行比做任何投资都划算。我在银行工作的身份，使他们对我没有丝毫的怀疑，而且，在这些认识我的人的眼里，我是一个毫无劣迹、好学上进的青年。他们放心地将钱交给了我。

我很快就筹到了80万元。我将这些钱全部投进股市，然后每天坐立不安地在电脑前盯着股市行情。这一次我没那么幸运，股市指数连日下跌，在击穿30日均线后，竟一泻千里地从2200点跌到1300点附近。

而就在这时，那些将钱"存"在我这里的亲戚、同学、朋友纷纷打电话来催要存单。我原指望将这笔钱放在股市里打个滚赚一把就出来，现在全套牢了，如果在这个点位上"割肉"出来，我要净赔40多万元。我拿什么去赔？

我找借口拖延着他们，希望有奇迹在股市发生。

可是一个多月过去了，没有奇迹发生。那些一直没有拿到存单的亲戚、同学、朋友几乎每天都打电话催问，我再也无法搪塞下去，便将手机关了，电话也不敢接了。他们中有人对我产生了怀疑，便到银行询问实情。事情就这样败露了。

爸爸、妈妈，你们也许至死也难以相信你们的儿子会干出这种伤天害理的事，其实，你们只看到了儿子光鲜灿烂的一面，却没看到，在我的灵魂深处其实早就有一个黑洞，那个黑洞一直葡匐着，时时刻刻都会将我吞噬。而挖那个黑洞第一锹的人却是你们。

读完这篇祭文，心情一直难以平静。这封寄往天堂却永远不能到达的信，对于爱唱红脸白脸的父母，不能不是一个警醒！

> 对待孩子，我们所做的一切都要向他负责。
>
> ——（前苏联）高尔基

若有所思：

在孩子面前，父母们常爱一个唱红脸，一个唱白脸，并将这视为一种好的教育方法。唱红脸的从严管教孩子，具体实施处罚；充当"白脸"的则经常在"红脸"大发雷霆或大打出手之后出面打圆场，充当"灭火器"，负责收拾残局。

可是他们也许不会想到，这种一惩一纵，一严一松的教育方法，不但会让孩子在两种"脸谱"中无所适从，而且会直接影响孩子的人格发展，他们也许会变成欺软怕硬的"两面人"，也许会因为逃避责罚或迎合表扬而隐瞒过失、编造谎言，成为一个只会说假话的病态的人。

第一句谎言

我第一次说谎是7岁那年。

我和弟弟是双胞胎，每年的生日，我们都会收到爸爸妈妈送给我们的礼物。7岁那年的生日，他们送给我们的礼物是一把玩具冲锋枪和一辆玩具坦克。当妈妈拿出这两件礼物时，我一眼就看中了那把冲锋枪。

我正想对妈妈说我想要那把冲锋枪，不料弟弟抢在我前面说出了我想说的话。顿时，我心里凉了半截，心想，这下完了，妈妈一定会将冲锋枪给弟弟。

没想到，妈妈听了弟弟的话后皱着眉头说："还记得我给你们讲过的孔融让梨的故事吗？人家孔融将最大最好的梨让给别人，自己吃最小的一个，你们要学习孔融，不能老是想着自己。"

见弟弟挨了批评，低着头不敢再说什么，我赶紧见风使舵，对母亲说："把冲锋枪给弟弟吧，我随便拿哪个都行。"

母亲的脸上顿时笑开了花，连连说："对，对，这才是好孩子。"

说着，她将冲锋枪奖给了我。

因为当记者的缘故，笔者经常会收到一些陌生人的来信，复信后，这些信我大都没留下来，留下来的信，都是我一次次翻检抽屉没舍得处理的，因为这些信曾深深触动过我的心灵。

在留存的来信里，胡大虎的信一共有5封。我还清楚地记得收到他第一封信时的情景。

《中国青年报》发表了我采写的一篇报道《哪里有他们说话的地方——近万数学爱好者车轮大战哥德巴赫》。几天后，我收到一封厚厚的挂号信，信封上的地址是"内详"。拆开信封，最上面的一页是一封写给我的信，后面七八页信纸是关于哥德巴赫猜想的论文。署名是胡大虎。

说实话，如果仅看胡大虎的信，真的很难将他与罪犯联系在一起。这样的人怎么会犯罪呢？可是在这封信里，胡大虎明明白白告诉我，他犯的是盗窃罪，被判了5年。

下面是他的叙述：

大学毕业后，我先是在一家国企做技术工作，虽然工作稳定，收入也不错，可是我不喜欢那种既刻板又死气沉沉的工作环境。于是干了3年后，我便跳槽去了一家业务基本相同的民营企业。临走时，我偷偷带走了部分技术资料。由于掌握了对方的技术资料，我所在的这家民营企业很快就成了与对方旗鼓相当的竞争对手。可是对方却蒙在鼓里不知实情。在那家民营企业的两年里，我和同事一起又开发出了几个新产品，我们的产品在市场上所占份额越来越大。就在这时，南方一家民营企业委托猎头公司找到了我，愿以比我所在企业高出一倍的薪金聘用我。

我当即就答应了他们的邀请。虽然我已准备抽腿走人，但我没跟任何人透露风声，我还是像往常那样勤勤恳恳地工作着，甚至在提出辞职前的几天，我还和同事一起又开发出了一个新产品。其实我的不动声色是有原因的，虽然我参与了一些产品的开发，但有些核心技术资料并不在我手上，我必须想办法将这些技术资料弄到手，它将会给我带来更大的利益。

就是这种贪欲让我铤而走险，我骗取了开发部主任的信任，从他的电脑里窃取了全部技术资料。第二天，我便向老板提出了辞职申请。老板对我的辞职深感意外，并极力挽留我，可是我还是坚决地走了。

中国有句古话叫"聪明反被聪明误"，我做梦也没想到，正是我的突然离去让老板产生了怀疑，当初我窃取原单位的技术资料投奔他，我得到了好处，他也获得了利益，但他对我其实一直存有戒心，所以他一直不让我接触一些主要产品的核心技术。我这次突然辞职马上让他产生了怀疑。

我到南方那家企业没多久，事情就败露了。我以盗窃罪被拘捕。刚被关进来的时候，我懊悔莫及，万念俱灰，觉得自己这辈子完了。但世界上没有后悔药可吃，自己酿的苦酒只有自己喝。

监狱里的日子，每一天都是难熬的，我度日如年地打发着每一天。一天，我从报纸上看到一条消息，英国和美国两家出版公司悬赏100万美元解决哥德巴赫猜想问题。我被这条消息吸引住了，一个沉睡已久的梦想又开始在心里游动。

有人将数学称为思维的体操。从小，我就对这种"体操"有着痴迷般的热爱。我最崇拜的人是陈景润，我读过徐迟的报告文学《哥德巴赫猜想》，我一直梦想自己能摘到那颗数学皇冠上的明珠。报考大学时，我很想学数学专业，可我父母坚决不同意，他们说学数学毕业后难找工作。虽然我心里很不情愿，可还是按照父母的意愿报考了当时很热门的信息工程专业。在大学，我数学这门课一直学得很轻松，我把它看做智力游戏，常常沉浸在解题的快乐里。

本科毕业后，我报考了研究生。当时我脑子里闪过改学数学的念头，但是权衡再三，我还是放弃了，大学四年学的毕竟不是数学专业，对能不能考上数学专业研究生毫无把握。另外，我还有很实际的考虑，如果去做一个数学家，这一生也许只能过一种很寂寞很清贫的生活。我不隐瞒自己对物质的追求，我希望自己能过上一种富足的生活。

命运真是会捉弄人，在我被一个个欲望驱赶着脚步的时候，我渐渐忘记了那个梦想。可是当我失去自由时，却是那个梦想拯救了我，它让我觉得我还有事可做，让我感到监狱里的日子不再那么难熬。那年2月，我开始了哥德巴赫猜想的研究。

在这期间，父母给了我很大帮助，他们千方百计四处为我寻找和搜集有关书籍和资料，还写来一封封鼓励我的信。

谈到父母，我不能不承认他们是中国传统观念认可的那种最优秀的父母，在我和弟弟很小的时候，他们就教育我们要做一个正派无私的人，做一个高尚的人，一个纯粹的人，而且他们身体力行地为我们做出表率。

记得小时候，家里的剩饭剩菜父母总抢着自己吃，有时为争夺剩饭剩菜他们甚至还发生口角。那时，家里经济比较困难，一个星期难得吃一次荤菜，他们总是将盘子里少得可怜的肉挑出来放在我和弟弟的碗里。在我和弟弟很小的时候，他们给我们讲得最多的故事是"孔融让梨"、"纯孝感君"。记得我那时还很小，不懂得什么是"纯孝"，母亲便给我讲了一个故事，故事说的是春秋郑国人孝叔，生平事母至孝。家里有什么好吃的东西，都一定让母亲先吃。一次，庄公请孝叔做客，孝叔竟不吃桌上那碗烧得香喷喷的肉，庄公感到奇怪，问其原因，孝叔说看着桌上美味的肉便想起家中的母亲，母亲从未吃过这么美味的肉，因此自己也不敢吃，并希望庄公能把肉赏给他母亲吃。

父母要求我做一个至善至美的人，这种教育其实给了我很大的思想压力，我不敢越雷池一步，不敢公开表达自己内心的真实想法，千方百计拼命压抑自己的各种欲望。我学会了说谎，学会了伪装，因为我不愿让父母失望，我希望得到他们的赞赏。

记得第一次说谎是在我7岁那年。

我和弟弟是双胞胎，每年的生日，我们都会收到父母亲送给我们的礼物。7岁那年的生日，他们送给我们的礼物是一把玩具冲锋枪和一辆玩具坦克。当母亲拿出这两件礼物时，我一眼就看中了那把冲锋枪，因为我在玩具店里见过这种冲锋枪，扣动扳机就能发出一串清脆的"哒哒哒"声，枪口还会喷出火光。我早就想有一把这样的冲锋枪，记得有一次我曾跟爸爸要求过，可是爸爸说太贵没给我买。

我正想对母亲说我想要那把冲锋枪，没料到弟弟抢在我前面说出了我想说的话。顿时，我心里凉了半截，心想，这下完了，妈妈一定会将冲锋枪给弟弟。没想到，母亲听了弟弟的话后皱起了眉头，说："还记得我给你们讲过的孔融让梨的故事吗？人家孔融将最大最好的梨让给别人，自己吃最小的一个，你们要学习孔融，不能老是想着自己。"

见弟弟挨了批评，低着头不敢再说什么，我赶紧见风使舵，对母亲说：

"把冲锋枪给弟弟吧，我随便拿哪个都行。"

母亲的脸上顿时笑开了花，连连说："对，对，这才是好孩子。"

说着，她将冲锋枪奖给了我。

我第一次尝到了说谎话的甜头。

可以说，从小到大，我在父母眼里都是一个好孩子，但他们却不知道，他们看到的并不是真实的我。当我后来离开他们身边，不再在他们目光的关注下，那些压抑的欲望便难以遏制地急速膨胀起来，并一步一步将我送进了犯罪的深渊。

得知我犯了盗窃罪，父母怎么也不敢相信是真的，在他们眼里，他们的儿子从来都品行端正，怎么也不会干这种没廉耻的事。开庭审判时，父母千里迢迢赶到了法庭，母亲后来对我说，直到走进法庭她都相信我是冤枉的，她希望法庭为她的儿子讨回清白。可是站在被告席上的我，对犯罪事实供认不讳，母亲当场昏厥了过去。

看了胡大虎的信后，我给他写去了一封回信，我希望他将跟我讲的这些心里话跟父母也说说，虽然这样做会伤他们的心，但是他们看到的却会是一个真实的儿子。他们会知道，欲望是人的本能，忽视它，压抑它，欲望就会像弹簧一样跳得更高，只有了解欲望，正视欲望，才能将欲望引进合情合理合法的轨道。

> 让你的孩子说实话，这正是对他的教育开始。
>
> ——（美）罗金斯

谎话是一副盔甲

一次期末考试，我语文一科没考及格。回到家，父亲问我的考试成绩，我老老实实地告诉他语文没及格。他勃然大怒，劈头盖脸就将我狠狠揍了一顿。连一向溺爱我的母亲也在一旁阴沉着脸骂我不争气。

到了期末考试，我又有一门功课不及格。想起上次挨打的经历，我吓得不敢回家，在街上漫无目标地走着，突然，我发现路边地摊上有卖"消字灵"的，灵机一动，买了一瓶……

那天饭桌上，父亲、母亲还有奶奶都一脸笑容，一个劲儿地往我碗里夹好菜。

说真话会挨打，说谎话会有奖励。认识到这一点后，我再也不敢说真话了，我将谎话当做一副盔甲，每一次犯了错误或者考试没考好，我就穿上它，它让我逃过了一次次惩罚。

某市中级人民法院公开审理一起杀人案。被告李伟是某医科大学临床医学三年级学生，他用斧头砍死了自己的奶奶和父亲。

站在被告席上的李伟面色苍白，自始至终都在默默地流泪。听众席上坐着他的母亲，那位失去了婆母和丈夫的女人哭得泪人一般，她想不通，自己一向引以为荣的儿子，怎么会丧心病狂地将斧头对准自己的亲人？！

这天，是在外地某医科大学上学的李伟准备返校的日子。父母早就商量好了，准备亲自送儿子去学校。李家有两套对门的房子，李伟和奶奶住201号房间，父母住对门的202号房间。带到学校的东西都收拾好了，出发的时间也到了，却迟迟不见儿子过来拿东西。父亲说："我过去看看。"

可是十几分钟过去了，父子俩都没有过来拿东西，他母亲一边擦地板，一边觉得十分纳闷儿，正在这时，李伟突然脸色蜡黄地冲了进来，一屁股就坐在客厅的凳子上，他喘着粗气说："我把爸爸和奶奶给杀了，妈，咱们一块儿死吧。"

事情发生得如此突然，母亲简直不敢相信自己的耳朵，她立即向对门的201室冲过去，却被李伟死死地抱住了。这时她才意识到家里真的是出大事了。她哭着求儿子："救救你爸，救救你奶奶吧，他们不能死……"她一边哭着说着一边挣扎着要往对门冲。可是李伟仍死死地抱住母亲，不放她过去。她大声喊叫着要他放手。听到母亲的喊叫声，李伟才慌乱地放了手。

她冲到对面房间，见丈夫躺在卧室的地上，满地都是血，似乎还有微弱的呼吸，床上横躺着的婆母已死亡，脖子上明显地缠着一根电线，西屋写字台上有把斧子，斧子上沾满了血。她惨叫一声一屁股跌坐在地上。

突如其来的惨祸将她击蒙了，她不知道儿子为什么要对自己的亲人下毒手。她对儿子说："你去自首吧。"

李伟听了，十分慌乱不安，他说他不敢去自首，他知道自己的罪孽有多重，他要母亲跟他一起死。他说："咱们一起死吧，死了就都解脱了。"

母亲认为儿子一定是在神经不正常的情况下误杀了自己的亲人，如果自首，也许还会有一条生路。她说，你已经错了，不能一错再错，你去自首就会得到宽大处理。

在母亲的劝说下，李伟终于同意自首，她颤抖着手拨通了电话。几分钟后，110巡警、急救人员和公安分局刑警火速赶到。

李伟的父亲在送往医院的途中便断了气，他至死都不明白儿子为什么要杀他。

被关进看守所的李伟并不知道父亲已死在他的斧头下。他告诉审讯人员，他要杀死奶奶和父亲，并要母亲和他一起去死，不是恨他们，而是爱他们。他说他跟家人的感情一直很好，尤其依恋和孝顺奶奶。父亲尽管对他有些严厉，可是他们之间从未发生过冲突。他说："他们平时和我的关系非常好，我对他们只有爱，是一点恨也没有。"

因为爱而去杀人，这似乎是一个十分荒谬的逻辑。但听了李伟在法庭上的陈述，竟然也能找到通往这个荒谬逻辑的路径——

我父母都是好强且勤奋的人，没有考上大学，是他们心里最大的遗憾。父亲原是一家企业的工人，硬是靠自学成了这家企业不多的一名技师。母亲也靠自学成了一家国有企业的会计。可他们的发展却经常受到文化水平和文凭的限制。

也许正是因为他们自己的特殊经历，他们认为，只要我学习好，考上大学，考上研究生，将来的发展道路就会一帆风顺，他们对我寄托着很大的希望，希望我有出息，希望我有一个比他们更好的人生。因此，保证好成绩，成了他们对我寄予的唯一目标。

我上学后，父亲每天不厌其烦地亲自辅导我学习，无论是默写、背课文，还是做习题，他都要求我做到一丝不苟。我喜欢做习题，不喜欢死记硬背一些东西，所以我的数学、物理、化学成绩一直都不错，语文、政治、历史、地理一些需要大量背诵的科目一直不太好。父亲为了鼓励我练"背功"，有时甚至陪着我背。

记得有一次，要考政治，老师给我们发了一大摞问题和答案，我一看有那么多要背的内容头就大了，一直拖拖拉拉地不愿背，父亲说："来，我跟你一块儿背。"那时，他已是快40岁的人了，每天晚上都跟我一起背到十一二点钟。那次政治考试，我考了99分，是全班最高分。

也许是对我期望太高，父亲对我要求很严。记得有一次期末考试，我语文一科没考及格。回到家，父亲问我的考试成绩，我老老实实地告诉他语文没及格。他勃然大怒，劈头盖脸就将我狠狠揍了一顿。那天晚上，连一向宠爱我的母亲也阴沉着脸骂我不争气。她说："我有病还坚持上班，不都是为了你，你不好好学习怎么对得起我？"

其实，我从没有考不及格过，一次偶然的失误就挨了打，这使我对考试充满了恐惧。真是越怕越出错，到了期末考试，我又有一门功课不及格。想起上次挨打的经历，我吓得不敢回家。我将成绩单揣在口袋里漫无目标地在街上走着，突然，我发现路边地摊上有卖"消字灵"的，灵机一动，便买了一瓶。

我找了个没人能看见的地方，将"消字灵"涂在那个该死的"52分"上，果然有效，"52分"就像穿了隐身衣一样看不见了。犹豫了一会儿后，我在那个空白处填上了"88分"。

回到家，父母亲已经下班回来了，我一进门，他们就问我的考试成绩。我将那张成绩单背了一遍。也许是做贼心虚，背到那个被我涂改的分数时，我一下结巴起来。父亲似乎不放心，要过了成绩单，看着看着，脸上绽开了笑容，然后表扬我说："好样的，这才像我的儿子。"

那天饭桌上，父亲、母亲还有奶奶都一脸笑容，一个劲儿地往我碗里夹好菜。

说真话会挨打，说谎话有奖励。认识到这一点后，我再也不敢说真话了，我将谎话当做一副盔甲，每一次犯了错误或者没有考好，我就穿上它，它让我逃过了一次次惩罚。

在父母眼里，我是一个很乖顺、很听话的孩子，我从没跟他们顶过嘴，学习成绩虽然不是特别冒尖，但顺顺当当地考进了重点高中。这让他们很骄傲地高兴了好一阵子。

父母对我的学习要求很严，有时严得甚至有点苛刻，但他们在生活上对我百般呵护，真可以说是照顾得无微不至。怕我游泳出事，他们不让我学游泳，一直到上大学我还是"旱鸭子"。学校组织春游，母亲怕我出事，坚决不让我参加。每次，当同学都兴高采烈地出去春游了，我却孤孤单单地一个人待在家里做父亲给我布置的作业。有时在家学习累了，我想出去走走，母亲也不让我去，说街上车多怕我出事。我很羡慕那些能自由自在玩耍的同学，但是已经做惯了"乖孩子"，我不敢违背父母的意愿。再说，他们都是为我好。

我高考填报志愿也是父母一手包办的。从我内心来讲，我不愿报考那些偏重记忆的专业，虽然这么多年来为了应付考试我不得不去死记硬背一些知识，但我仍一直很厌烦死记硬背，我不想上了大学还受此折磨，更不愿以后所从事的职业与死记硬背脱不了干系。可是父母却要我报考医科大学，他们找出了学医的种种好处，还说奶奶有糖尿病，学医，以后可以照顾家人。我心里虽然一百个不愿意，可还是听从了他们的安排。再说，当时我对医学专业一无所知，根本就不知道这个专业要学哪些课程。

进了大学后，我才发现自己选错了专业，学临床医学不但枯燥，而且大部分知识都靠记忆，这正是我不喜欢的、厌烦的。渐渐地，我对所学的专业失去了兴趣，听课、做作业都成了一种痛苦的折磨。

我开始逃课，不是在宿舍睡觉，就是去游戏机室，有时在那里一待就是几天几夜。第一个学期，我有两门功课不及格，我不敢将实情告诉家里。父母也许因为我考上了大学了却了他们的心愿，所以也不像原来那样盯着我的学习了，所以每次回家我只报喜从不报忧，处心积虑地向他们隐瞒自己的学习成绩。

大二结束时，我累计已有10门功课不及格。学校对我做了跟班试读的处理，要求我交2700元的试读费，并让我带信给父母，叫他们来学校一趟，或者写一封信来。

我吓坏了，我无论如何也不能让父母知道真相。那个暑假，我每天都心神不定，如坐针毡。眼见快开学了，我只好硬着头皮求一个老同学，摹仿我父亲的口气往学校写了一封假信，然后偷盖了父亲的印章。

让家长给学校写信的事儿虽然拿一封假信混过去了，但跟班试读要另交的2700元学费却让我一筹莫展。家里每个月给我的生活费基本上是固定的，扣除伙食费，剩下来的钱基本上都被我扔进了游戏机室，身上几乎没有结余的钱。

为了凑够这笔钱，我勒紧裤腰带，少吃饭，少吃菜，从生活费里一点点地往外抠。但仅靠这还不行，学校一次次催我交钱，逼得没办法了，我只好厚着脸皮跟同学借钱，后来总算凑齐了这笔款子。为了还借的钱，我整整一个学期几乎没吃过一顿像样的饭菜。

经历了这件事后，我也想好好念书，可是落下的课实在太多了，而且那些医学课本来就生涩难懂，我一看书就犯困，一做作业就头疼。为了摆脱恐惧和烦恼，我又一次次去了游戏机室。大三上学期，我又有4门课不及格，到这时为止，我总共有14门课不及格，通过补考仍有3门课不及格。

我知道等待自己的结果是什么，我对那个结果充满了恐惧和绝望。不出所料，坏消息很快就来了。放寒假的前一天，老师通知我去校领导办公室，校领导严肃地告诉我，像我这样的成绩已经符合退学处理的条件，如果不想退学就得降级，但要多交一年的学费，他让我选择一个处理结果。

我羞愧万分，心乱如麻，最后，我跟校领导说，得回去跟家长商量。

回家后，我怎么也没法向父母开口讲这件事。上大学的这两年多里，我一直在制造着我在认真学习、成绩也不错的假象，我用谎话一次次地欺骗了他们，他们根本就不知道我真实的学习情况。面对他们，我心里充满了愧疚，也充满了害怕。我害怕讲出真相，父母将希望全都寄托在我身上，如果他们知道了真相，我不知道会有怎样的结果。

整个寒假，我心里都像压了块铅，一方面怕父母伤心难过，不想让他们知道我糟糕的学习状况；另一方面又不知道如何跟学校交待。我不愿退学，但是如果选择留级，就得多交一年的学费，我到哪里去弄这笔钱？我父母都是工人，挣钱不多，这些年来挣的钱很大一部分都给我上学了，如果他们知道我学习成绩如此糟糕，知道我要被退学或被留级，他们恐怕承受不了这样的打击。

随着开学的日子一天天临近，我的心情越来越烦躁，我不知道怎么办才好。最后，我决定割腕自杀，只有一死了之才能摆脱所有的烦恼。可是又一想，如果我死了，奶奶怎么办？父母亲怎么办？他们将希望寄托在我身上，如果我死了，他们还是等于希望全部破灭了，也没人照顾了，而且后半辈子都会生活在痛苦中，我不忍心让他们这么痛苦地活着，这对他们来说太残忍了。

自杀仍然不能摆脱所有的痛苦和烦恼。怎么办呢？那两天，我翻来覆去也想不出一个好办法，最后就想，干脆一家人全死了，全死了就完了。这样大家也就都解脱了。

事情发生后，李伟的母亲认为儿子一定是疯了，在她的要求下，公安机关为李伟做了精神疾病司法鉴定。结果证明，李伟没有精神疾病，在实施犯罪的时候，他没有丧失辨别能力和控制能力，具有完全责任能力。

虽然儿子犯了弥天大罪，可是做母亲的仍不愿失去他这个唯一的亲人，她为李伟请了律师，希望能够减轻法律对他的惩罚。

在法庭上，李伟痛哭流涕地希望得到宽大处理，他说："我母亲岁数大了，她已经失去了亲爱的丈夫和母亲，我实在对不起他们，我对不起任何人，我希望能给我机会，让我赎罪，让我照顾好我母亲。"

市中级人民法院判处李伟死刑，缓期两年执行。

这场家庭悲剧令许多人唏嘘不已。可是，这棵罪恶之苗是谁栽下的，这个悲剧之根又来自哪里？

法庭上，李伟自己作了回答，他说，因为说真话挨打，从此我不敢再说真话。为了掩饰第一次讲的谎话，我必须不断地编造谎话，谎话就像一个令人恐惧却又无法摆脱的连环套，最终将我送进万劫不复的绝境。

> 该教的是思考的方法，并非思考的结果。
>
> ——（德）顾立德

没兑现的奖励

上小学四年级时发生的那件事，就像楔子一样敲进了我的生命，想忘也忘不了。

四年级下学期，父亲为了鼓励我努力学习，当面向我许下诺言，说如果我期末考试成绩能进班上前10名，就奖励我去旱冰场溜旱冰。

为了能去真正的旱冰场溜旱冰，那个学期我学习非常刻苦，期末考试，我考了全班第9名。我拿着成绩单喜滋滋地回到家，以为父亲一定会兑现他的诺言。没想到，他看了成绩单后只表扬了我几句，只字不提去旱冰场的事。我以为他忘了便提醒说："你不是说考进前10名就让我去旱冰场吗？"父亲听了愣了一下，然后敷衍着说："好好好，以后再说吧。"

以后，父亲再没提去旱冰场的事。他说话怎么能不算数呢？

在同学眼里，他是一个言而无信令人讨厌的家伙。在老师眼里，他是一个成绩不好的差生。而在父母眼里，他是令他们伤心绝望的不争气的坏小子。

这一把把"扫帚"，将15岁的孟少峰扫进了垃圾堆。

自称"垃圾"的孟少峰，进门后一屁股坐在我面前的沙发椅上。我看不清他的脸，他的脸有一半藏在头发里，那是我从未见过的一种发型，下面剪得很短，短得能看到头皮，顶上的头发却很长，一缕缕染成了金黄色，一直垂落下来遮住了左半边脸。见我在注意他的头发，他那只露在外面的右眼很兴奋很得意地眨巴眨巴着。虽然见孟少峰之前，他父亲已向我讲了许多关于他的情况，但他这副嬉皮士的样子还是让我有点意外。

孟少峰的父亲是在看了我写的一篇报告文学后找到我的。报告文学写的是北京市通州区一位名叫李圣珍的老师。李老师认为："没有差的学生，只有差的教师；没有差的孩子，只有差的家长。"在这一理念的指导下，她将一个个被老师和父母看做傻孩子、笨孩子、呆孩子、坏孩子的青少年接到自己身边。在她的帮助和指导下，这些孩子大都成了聪明机灵的孩子，成了好孩子，她让一直生活在被抛弃被羞辱中的他们摆脱了噩梦。

这篇报告文学发表后，我收到了近百封读者来信，接待了数十位来访者。一天下午我刚上班，一个男人打来电话，声音很低沉很疲惫，他说他也有一个"问题"孩子，平时没少骂他也没少打他，可是无论怎么教育也没效果，他对孩子已经失望透顶。看了那篇报告文学后，他也想将孩子送到李老师那里，可是孩子不愿去，他希望我能跟他的孩子谈一谈，做做孩子的工作。这位父亲说："我现在是抱着死马当做活马医的想法，不然，这孩子真的完了。"

快下班的时候，他又打来电话，说已在我们办公楼下，希望上来跟我谈谈。

他瘦高个儿，眼圈有点发青，几缕长发从下面绕上去吃力地贴在已经歇了的头顶。从外表看，这是一位被生活绞干了活力的男人。他进来后点点头微笑着说："不好意思，耽误您一会儿时间。"说着，从上衣口袋掏出一张名片递给我。他姓孟，是一家装饰材料公司办公室副主任。

孟先生摇头叹气说：对这孩子，我现在是实在想不出招儿了。开始是好好说教，可是大道理小道理讲了一箩筐，他一个耳朵进一个耳朵出，转个身他还是那德行。后来我就打，前两年打他，他还不敢反抗，现在长大了，个儿跟我差不多高了，跟我对着干，还说，要不是看你是我爸，我一下子就把你摞倒了。

你说他很坏吧，也不是。可是同学都不喜欢他，他没一个朋友。老师也不喜欢他，不但成绩差，课堂上还爱捣乱。逃课更是常有的事儿，不是背着书包在外面闲逛，就是去游戏机室玩游戏。后来我发现了，将他身上的钱搜得干干净净，每天只给他留下买早点的钱，他没辙了，有时干脆早点也不吃了，将那钱拿去玩游戏了。

最近的一次就闹得大了，他有半个月泡在游戏机室里，没去上学。我和他母亲都被蒙在鼓里，每天都看他背着书包去上学，到了放学时间又背着书包回来，压根儿就没想到他是去游戏机室。要不是老师将电话打到家里，我们还会一直被他蒙下去。

那天下午到了放学时间，他又背着书包回来了。我问他："这些日子你都在哪儿上学啊？"

他愣了一下，抬头看了我一眼，知道事情败露了，不吭声了。

那天晚上，我将他捆在凳子上结结实实揍了一顿。我问他玩游戏机的钱是从哪来的。他说是跟老板赊的账。我去游戏机室一问，他在那里已经欠下了200多元钱。

要说学习成绩，就甭说有多差了，上初一那会儿，成绩还有个中偏下，可上了初二后，在班上排倒数第一，一直就没挪过窝。

我真不知道这孩子为什么会变成这样。小时候他很聪明。满周岁时，将他抱到桌子上让他抓周，满桌的东西他不抓别的就抓了一支笔，来喝酒的亲戚朋友都说，这孩子将来是个读书人。两岁多时就能背十几首儿歌，三四岁时就能背好几首唐诗，上小学时还当过学习委员和班长。后来就不知怎么变得越来越不听话，越来越厌学，跟我更是老较着劲儿，我说往东他偏往西，我说往西他偏往东。我真是拿他一点法子都没有。

那天，我无意中看到了一张《中国青年报》，上面有您写的《让孩子摆脱噩梦》的文章，我一口气看完了，心里很受震动。我觉得我儿子也属于"问题"少年，只是我不知道问题到底出在哪里，也不知道怎样去解决。看了您的文章，我似乎有了一点希望，我想将他送到李老师那里，也许李老师有办法将他调教好。我将那张报纸带回家，想让他看看，并说了想送他去李老师那里的想法。他说，你要送我去，我就离家出走。

我想请您帮忙做做他的工作，您采访过那么多跟他类似的孩子，您一定能说服他。

我答应跟他儿子谈谈，约好第二天下午放学后他带儿子来我这里。

第二天下午，老孟将儿子送来后便走了。

孟少峰用他那只露在头发外面的右眼打量着我说："他说你是记者，对吗？"

我笑着点点头，说："怎么？你看我不像吗？"

他笑了，露出两颗小虎牙："他昨天晚上跟我说，要带我去见一个记者，我知道他是什么意思，不就是像扫垃圾一样将我扫地出门吗，他早就烦我了。"

我见孟少峰对他父亲一直用"他"来称呼，便提醒他说："他是你爸，你应该尊重他。"

孟少峰一撇嘴说："我是垃圾，他是什么？不是说有其父必有其子吗。"

"你怎么能这么说你爸爸呢，他对你还是很关心的，要不，他不会来找我，不会想着要送你去李老师那里，他是想帮助你。"

"早些时候他哪去了，现在想起来帮助我了？我告诉你，我不喜欢他，我讨厌他，他怎么会是我爸呢？"

我一时语塞，没想到孟少峰对他父亲有如此深的成见，是父子之间缺少沟通，还是教育方法上出了问题？还是？

孟少峰向后甩了一下他的长头发，这时我才真正看清了他的脸，皮肤偏黑，鼻子高高的，眼睛有点凹陷，额头上有几颗黄豆大的青春痘。见我注意到了他额头上的青春痘，他马上低下头，那头发又遮住了他的额头，他的脸。

直觉告诉我，这是一个十分敏感、而且非常在意别人评价的孩子。

在随后的谈话中，我终于渐渐明白了他为什么对父亲有那么深的成见，正是成见滋生和滋长了他的叛逆性，并使他在叛逆的路上越走越远。

人们在一生中会忘掉许多事情，可是有的事却是想忘也忘不了，之所以忘不了，是因为那些事像楔子一样已深深地敲进了他们的生命。

孟少峰跟我说的他上小学四年级时发生的那件事，也许就是这样的一枚楔子。

我有一双旱冰鞋，那是过10岁生日时父亲送的。放学回家后，我常穿着那双旱冰鞋在门口的空场上学滑旱冰，可是那地面是柏油铺的，还坑坑洼洼，常常滑着滑着就被绊倒了。离我们家不远有一个很大的旱冰场，我特想去那里滑旱冰，可是进旱冰场一个小时得收6块钱，而且还得租他们的旱冰鞋，租一双旱冰鞋得5块钱。父母舍不得花钱，从没让我进去过。

四年级上学期，父亲为了鼓励我努力学习，当面向我许下诺言，说如果我期中考试成绩能进班上前10名，就奖励我去旱冰场溜旱冰。

为了能去真正的旱冰场溜旱冰，那个学期我学习非常刻苦，期中考试，我考了班上第9名。我拿着成绩单喜滋滋地回到家，以为父亲一定会兑现他的诺言。没想到，他看了成绩单后只表扬了我几句，只字不提去旱冰场的事。我以为他忘了便提醒说："你不是说考进前10名就让我去旱冰场吗？"父亲听了愣了一下，然后敷衍着说："好好好，以后再说吧。"

以后，父亲再没提去旱冰场的事。他说话怎么能不算数呢？

这件事一直让我耿耿于怀。我心想："你不是总教育我要做一个说话算数的好孩子吗，可是你自己为什么说话不算数呢？"

在这之后不久又发生了一件事。那是期末考试，父亲又跟我许诺说，如果期末考试每门功课都在90分以上，过年收到的压岁钱就全归我。这比去旱冰场溜冰更能吸引我，有了钱我不就能经常去旱冰场了吗？

我怕父亲反悔，怕他像上次那样不兑现自己的诺言，我说："你说话算数吗？你不会哄我吧？"

他信誓旦旦地说："一定算数，一定兑现。"

有了这么肯定的回答，我放心了。

为了每门功课都能考90分以上，每天晚上，我做完老师布置的作业后，又找辅导书上的题做。我语文成绩一直不太稳定，分数主要丢在课文默写上，我就在默写上下功夫，连去上学的路上也在背课文。父亲见我如此刻苦学习，很高兴，常拍拍我的头表扬几句。

功夫不负有心人，期末考试，我不但每门功课都在90分以上，语文还得了95分，这是我考得最好的一次。

父亲看了我的成绩单后，脸上笑开了花。我想，这次父亲一定会兑现他的诺言。那些日子，我一天天扳着手指盼过年。往年，我每年都能收到几百元压岁钱，可是那些压岁钱都落到了父母亲的腰包，我甚至连瞅一眼的机会都没有。当我找他们要压岁钱时，他们总是说，"你又不缺吃又不缺穿，你要钱干什么？这钱要留着给你交学费。"

可这次，他们再不会这么说了，父亲会兑现诺言的，我对此几乎坚信不移。想着自己马上就能拥有一大笔钱，我心里又兴奋又激动。

我开始计划着怎么去花这笔钱：去旱冰场溜冰；买一个一直想要的足球；买一套早就想买的漫画书；去公园打激光枪……

在我一天一天的盼望中，春节终于到了。爷爷、奶奶、叔叔、姨妈、舅舅都给了我压岁钱，一共有800元，比往年都多。这些压岁钱大都是当着我父母的面直接给我的。

可没想到，他们刚一走，父亲就找我要压岁钱。他说："你身上装这么多钱，弄丢了怎么办？再说了，你这个人管不住自己，有了钱，还不给瞎花了。"

我不服气地说："你不是说好了每门功课只要考90分以上，今年的压岁钱就都给我吗？"

他脸一沉，训斥我说："那都是跟你说着玩儿的，你还当真了？90分以上能算好成绩吗？你什么时候给我拿几个100分回来，那才叫真本事，到那时，别说压岁钱归你，我还要给奖励……"

听了他这番话，我简直气蒙了，那天许诺的时候他可是一本正经的，没有一点儿开玩笑的意思呀，怎么现在却说那是说着玩儿的！我有一种很强烈的受骗、受愚弄的感觉。

从那以后，我学习热情一落千丈，再也提不起精神了，成绩也明显下降。

这时，他开始急了，他又故技重演，一次次施出他那招所谓的"激励法"，可是我再也不相信他了。我知道，他就像那个手里拿着一块肉逗小狗的人一样，永远也不会让小狗吃到肉。

是他让我认识诺言是个什么东西，说穿了，就是一张擦屁股纸。

我越来越讨厌上学，成绩也越来越差。因为成绩差，我在老师眼里就像是一堆垃圾，他们很少拿正眼看我。因为成绩差，同学都不愿跟我交往，动不动就给我白眼。我害怕去学校，我怕看见他们歧视、嘲讽的目光。在学校，我故意做出吊儿郎当、玩世不恭的样子，故意在课堂上捣乱，大声喧哗，其实我那样做，只是为了引起老师和同学的注意，我害怕被遗忘，我希望有人注意到我。

我的发型跟别人的都不一样，这是我自己设计的，我就是要跟别人不一样，这样我才会引起别人的注意。

说到这里，孟少峰有点儿得意地又甩了一下他的长发。老孟也许做梦都不会想到，一个小小的、没有兑现的诺言会让儿子如此长久地耿耿于怀，会颠覆儿子对父亲所有的信任与尊敬。

写到这里，我想起了一个家长们常爱给孩子讲的阿凡提的故事。

一天，阿凡提对巴依老爷说，你给我一个金币，我能种出10个给你。结果阿凡提把从地主老爷那里骗来的钱分给了穷人。所有的人都知道骗人是不道德的，但大家还是觉得阿凡提做得对，因为我们以前接受的教育是：财主的钱是不义之财，骗来分了是应该的。

这便给听故事的人造成了一种错觉：只要用意是好的，说谎、不守信用都是可以的。那些轻易许诺，而又不信守诺言的家长也许正是抱着这样的观点。却不知，在孩子眼里，这就是欺骗。

孩子做事的信心来源于父母有效地夸奖。

——（德）老卡尔·威特

好奇的脚迈进情欲深渊

我对性的好奇始于3岁那年。

那年，父母将我从爷爷家接回家，并送进了幼儿园。对我来说，幼儿园的一切都是新奇和有趣的，我很快就喜欢上了那里的老师和小朋友。

一天，我去厕所撒尿，刚蹲下来，便看见我们班的一个小朋友也进来了，奇怪的是，他没有像我一样蹲下来，而是拉开裤子拉链掏出"小鸡鸡"站在便池跟前撒尿，我一下子看呆了，心想，他有"小鸡鸡"，我怎么就没有呢？

那天下午，妈妈来幼儿园接我。回家的路上，我好奇地问她："妈，为什么男孩子长'小鸡鸡'，女孩子不长'小鸡鸡'？"

妈妈一下甩开了我的手，涨红着脸指着我的鼻子说："你羞不羞啊，问这么无聊下流的问题！"

我吓得哭了，我不知道妈妈为什么生气，也不明白她骂的无聊和下流是什么意思。

从那以后，虽然我再也不敢向妈妈问这类问题了。可是那些问题却一直久久地困扰着我。

我是在一家电视台的话题节目里认识张霞的。

张霞是那天话题节目的唯一嘉宾，谈的是一个很敏感的话题——"性"。

穿着浅蓝色套裙的张霞，梳着长长的披肩发，看上去有点像大学生。可是如果仔细看她，就会发现她少了一份清纯，多了一份沧桑。坐在靠椅上的她，有点拘谨地看着台下的观众，脸上带着不太自然的笑容。

主持人介绍说，当初我们准备策划做这个节目时，在网上征求嘉宾，张霞给我们节目组写来了一封长信，讲述了自己由于无知走过的一段人生弯路，她在信上说，"我愿讲出自己的故事，因为，我不愿这样的悲剧在下一代人身上发生。我们已经在黑暗中摸索了很久，并因此付出了惨重的代价，我不愿让我们的下一代继续在黑暗中摸索，他们有权知道，也应该知道有关性的知识。"

从张霞断断续续的讲述中，我知道了她的故事，那是一个苦涩、荒唐而又充满了悔恨的故事。

我的父母都出身于军人家庭，生活中，我从没见过他们互相开过玩笑，更不用说卿卿我我地表达感情。父亲是一个不苟言笑的很严肃的人，母亲快人快语，走路能带起一阵风，说话急速速的，像一串从冲锋枪里射出的子弹。从事业上来说，他俩都算是成功人士，父亲是从事动力学研究的高级研究员，母亲是一家进出口贸易公司的副总裁。

像我这样的家庭背景，生活本应该是无忧无虑的，人生的路也应该是宽阔平坦的，可是我却走得跌跌撞撞、坎坎坷坷。这是因为在我年幼无知的时候，我的灵魂缺少一个正确的引导者，在我睁着一双好奇的眼睛东张西望时，没有人为我释疑解惑。

我对性的好奇始于3岁那年。

3岁之前，我一直住在爷爷奶奶家。那是靠近湖边的一座很大的院子。爷爷奶奶都是军人，他们住的是军队干部休养所。他们对我很宠爱，但管束得很严。他们从没让我单独走出过那座院子，爷爷奶奶说外面坏人多，坏人看见了小女孩会蒙上她的眼睛，然后装进袋子背进深山老林，那里有会吃人的老虎、豹子、狼。他们的警告，吓得我从没敢单独迈出那个院子一步。

没有小伙伴跟我一块儿玩，我的世界里只有爷爷、奶奶，还有一只名叫丽丽的小狗。

3岁那年，因为到了上幼儿园的年龄，父母将我接回了家。那时，我很盼望上幼儿园，因为我听爷爷奶奶说，幼儿园里有很多小朋友，有很多玩具，老师会教小朋友们唱歌跳舞。所以听说父母要送我去幼儿园，我高兴得又蹦又跳。

由于父母工作忙，我上的是全托，他们只在周末才接我回家。也许是一直没在父母跟前，对他们少了一些依恋，也许是我很快就喜欢上了幼儿园的老师和小朋友，所以每次去幼儿园，我不像一些小朋友那样拉着父母的衣服哭哭啼啼地不愿去，而是很高兴地在大门口就跟他们说再见，然后欢蹦乱跳地自己去教室。

由于3岁之前我一直生活在一个比较封闭的环境里，所以幼儿园的一切对我来说都是新奇的、有趣的。我学会了做游戏，学会了搭积木，学会了滑滑梯，还学会了不少儿歌。

一天，我去厕所撒尿，刚蹲下来，便看见我们班的一个小朋友也进来了。那时，幼儿园的厕所是不分男女的，而且是开放型式的，便池与便池间没有隔板。也许老师们认为我们都是小孩子，不知道害羞，也没有什么隐私可言。男孩女孩都进一个厕所。

那是一个男孩子，我很奇怪地发现，他没有像我一样蹲下来，而是拉开裤子拉链后，掏出一个"小鸡鸡"站在便池跟前撒尿。我一下子看呆了，心想，他有"小鸡鸡"，我怎么就没有呢？

上完厕所回到教室，这个疑问一直在我脑子里萦回。

那天刚好是星期五，妈妈下班后来幼儿园接我。回家的路上，我好奇地问她："妈，我看见我们班有个小朋友这里长了个'小鸡鸡'，为什么男孩子长'小鸡鸡'，女孩子不长'小鸡鸡'呀？"

妈妈听了，猛地一下甩开了牵着我的手，涨红着脸指着我的鼻子说："你羞不羞啊，问这么无聊下流的问题！"

我吓得哭了，我不知道妈妈为什么生气，也不明白她骂的无聊和下流是什么意思。

回到家里，父亲见我抽抽噎噎一脸泪痕，问我说："你怎么了？"

妈妈一脸恼怒地说："不要脸，还哭，有什么好哭的。"

从那以后，我再也不敢向妈妈问这个问题了，我也不敢问老师，既然妈妈听了这个问题不高兴，老师听了也一定会不高兴。可是这个问题却在很长一段时间里一直困扰着我。

有时我会想，如果我也有一个"小鸡鸡"该多好，上厕所就不用脱裤子了。那时候对我来说，脱裤子、穿裤子都是一件很困难、很麻烦的事，有几次，就因为裤子一时脱不下来，尿湿了裤子，害得我一整天都穿着湿淋淋的脏裤子。有一次，老师发现我尿湿了裤子，一时找不到干净裤子让我换上，干脆让我光屁股在被窝里躺了一天。

女孩子为什么不长"小鸡鸡"的问题还没弄明白，我又有了新的问题。那天，老师给我们讲老母鸡下蛋的故事。讲完后她问我们说："老母鸡下的鸡蛋能做什么用呢？"

小朋友们几乎全都举起了手，有的说："能做番茄炒鸡蛋"，有的说："能做鸡蛋炒饭"，有的说："能做鸡蛋汤"……

老师笑着问我们说："鸡蛋除了能做出各种各样好吃的菜，还能做什么呀？"

这个问题可把大家都问住了，我想了半天也想不出答案。这时老师笑眯眯地说："鸡蛋还能孵出小鸡娃，小鸡娃就是从鸡蛋里出来的呀。"接着，老师又告诉我们小鸡娃是怎么孵出来。我听了觉得又新鲜又惊奇，没想到鸡蛋放在老母鸡的身子下面竟能孵出小鸡娃。小鸡娃是老母鸡孵出来的，我是不是也是妈妈"孵"出来的呢？小鸡娃是从鸡蛋里出来的，我是从什么地方出来的呢？我脑子里塞满了这些问题。

带着这些没有找到答案的问题，我走进了小学。

一天放学，我和几个女同学走在回家的路上，我又想起了那个百思不得其解的问题，我问她们说："你们知道小孩子是从哪里来的吗？"

一个同学说："是从妈妈肚脐眼里钻出来的。"

另一个同学说："不对不对，是从妈妈腋窝里钻出来的。"

还有一个同学说："是爸爸妈妈接吻时从嘴里掉出来的。"

她们一人一个说法，我真不知道该相信谁。谁的答案才是对的呢？我心里仍一片茫然。

这个问题一直伴随着我走进青春期。

12岁那年的一天，我突然发现自己的胸部隆起了两个像小乒乓球一样硬硬的小包，轻轻一碰还很疼。我心里很害怕，担心自己得了病。但那个时候我已经知道害羞了，也不好意思跟妈妈说这件事，所有的不安和担忧都自己悄悄地扛着，弄得整天心神不定地胡思乱想。

不久后的一天，我上厕所时，发现内裤上有血，当时我吓坏了，不知道为什么会流血，不知道血是从哪里流出来的。下午放学回家，我哭着将这件事告诉了母亲。她听了似乎很吃惊，愣了一下，然后给我拿来一包卫生巾说："不要紧，是月经来了，女孩子都会来月经，来了月经就说明是大人了，记住，往后不要随便跟男人接触。"

虽然妈妈的话我听了似懂非懂，但知道来月经不是病就不再恐惧和害怕了，可是我又有了新的问题：为什么女孩子会来月经？还有，为什么妈妈说不能随便跟男人接触呢？

12岁的我，不能明白这些问题，也没有人给我回答这些问题，父母没跟我讲，老师也没跟我讲。进了初中，我们的课本里，多了一门生理卫生课，可是那本书从发下来，一直到初中毕业，一共没讲几课，特别是那几章我们最感兴趣的关于人体结构和青春生理卫生的内容，老师都跳过去了没跟我们讲。那几章内容我们是自己看课本自学的。

已是初中生的我，虽然已不再为"女孩子为什么不长小鸡鸡"而困惑，不再为自己身体的变化惊慌失措，但是我仍有许多不明白的问题。比如说：女人是怎么怀上小孩的？孩子是从哪里生出来的？

因为不知道，便生出种种荒唐怪诞的想法。记得有一段时间，我一直为一件事忧虑不安。这是因为有一个女同学告诉我说，如果女人坐了男人坐的凳子就会怀孕。我听了后，心里马上紧张不安起来，因为有一天中午我坐过一个男同学刚坐过的凳子。有很长一段时间，我每天都被恐惧和害怕纠缠着，因为我听说女人生小孩有时会死的。

从童年一直到青少年，性知识教育对于我来说几乎是一片空白，父母每天可以拿出几个小时陪伴我做作业，却不愿给对性充满了好奇心的我讲讲这方面的知识。老师可以给我们讲人类登上月球的奥秘，却不愿满足我们对性知识的渴求。他们将性划为禁区，千方百计挡住或阻止我们好奇的目光。

所有被掩盖起来不让人看、不让人了解的秘密总是会唤起一种不健康的好奇心，一种病态的遐想和敏感。

　　我不能从正常渠道得到想知道的知识，便去寻找其他的渠道。

　　我家附近有一条街，每天一到傍晚，街边就会摆出许多小地摊，有卖各种日常用品的，也有卖书刊杂志的。地摊上的书刊杂志大都是旧的，也有一些盗版书和非法出版物。一天傍晚，我蹲在一个地摊前随手翻着书，翻到下面，发现了一本薄薄的小书，封面上画着一个裸体的男人和一个裸体的女人，这是我第一次看见男人的裸体，就在那一刻，我全身的血似乎一下都涌到了脸上，脸上顿时火辣辣的，心也"扑通扑通"地跳得厉害。我不敢当着那个卖书的男人的面翻开那本书，可是心里却有一种无法克制的想看看那本书的欲望和冲动。我花5元钱买下了那本小书。

　　我将书藏在内衣口袋里，快步回了家。一回到家，我就将自己房间的门反锁上，急不可耐地翻开了书。拿现在的眼光看，那是一本低级下流淫秽不堪的书，讲的是一对男女苟合的故事，书中极尽描写性交的细节。看得我脸热心跳，身体里涌起阵阵冲动。那天晚上，我躁动不安地一晚上没睡好，脑子里尽想着书中描写的那些事儿。第二天去上学，头昏昏沉沉的，我坐在教室里，老师讲什么一点都没听进去，还是想着书上写的那些事儿。

　　16岁那年，上高一的时候，我和一个比我大一岁的男孩子偷吃了禁果。事情发生在下午放学以后。那天本来是四个同学值日，可另外两个同学一放学就跑了，教室里只剩下我们两个人，我们打扫完教室，关好了门窗，不知怎么就不由自主地走到了一起，在教室后面做了那件事。

　　发生了那件事后，我很害怕，怕老师知道，怕同学知道，更怕父母知道，每天，精神恍恍惚惚的，学习成绩也急剧下降。过了几个月我才发现例假一直没来，但当时我很无知，根本没想到自己会怀孕，到了六七个月，肚子渐渐隆起来了，我还没有往这方面想过，还以为是自己长胖了，由于冬天穿着棉衣的缘故，父母也没发现我身体的异常。有一天，我在教室里上课时，肚子剧烈地疼起来，后来疼得实在受不了，老师将我送到校医那里。

　　校医摸了摸我的肚子后大惊失色，她让老师给我母亲打去了电话。不一会儿，母亲脸色苍白地跑来了。他们将我送进了医院，我在医院生下了一个女婴。

事情发生后，母亲气急败坏地找到男孩子家，可是对方已经搬家了，去了哪里，没有人知道。

发生了这件事后我就退学了，17岁的我成了一个单身母亲。是愚昧和无知毁了我的一生。

上海某中学对112名学生进行性知识调查，对"你的性知识是从哪里来的"问题所作的回答是：29%是从书刊上看来的，57%是听小伙伴讲的。而从这两条渠道得来的性知识往往是变形的，不健康、不科学的。

> 回避绝对自然的东西就意味着加强，而且是以最病态的形式加强对它的兴趣，因为，愿望的力量同禁令的严厉程度是成正比的。
>
> ——（英）伯特兰·罗素

若有所思：

谈起性，老师紧张，家长更紧张，要么掩耳盗铃，认为性可以无师自通；要么吞吞吐吐，欲抱琵琶半遮面；要么王顾左右而言它。于是一代代青少年便在黑暗中自己摸索，有的人在摸索中走上了正道，有的人误入歧途，有的人则掉进了万丈深渊。这种不正常的、畸形的性教育造就了大量不幸的人格，不幸的婚姻，不幸的家庭，不幸的人生。

男人这个坏东西

母亲住院的那段时间，我一直住在奶奶家。一天中午，由于下午有美术课，我在奶奶家吃完饭后便急匆匆回家拿放在家里的美术书和画笔。

我开门后放下书包，正准备去房间拿书时，听到父母房间里好像有人在说话，平时，父亲中午是从不回家吃饭的，会是谁呢？我走过去轻轻推开房门，我看到了令人不堪的一幕：一个陌生女人赤身裸体地躺在我父亲的怀里。他们也看到了站在门口的我，那女人一边尖叫，一边慌乱地拉上被子盖住了身子。父亲惊慌失措地坐起来，脸色一下变得苍白，他嘴唇嚅动着似乎想说什么。

我捂着脸一口气跑出了家。突然间，我明白了母亲和父亲为什么会经常吵架，明白了母亲为什么一次次要自杀。

那年，我9岁。

一天深夜，某报"真情诉说"栏目编辑可可，接到一个自称李芸的女人打来的电话，她说自己爱上了一个男人，可是那个男人知道了她的过去后提出要跟她分手，她抽泣着说："这是我第一次真正爱一个男人，原来我从没有真正爱过，我对男人只有厌恶和憎恨，可是这一次我是真的……"

可可约李芸第二天下午在一家咖啡厅见面。

可可说她第一眼见到李芸时心里暗暗吃了一惊，电话里，李芸的声音疲惫而无力，这让可可以为她一定是一个满脸苍桑、神情萎靡的女子。李芸很年轻，她背着双肩包走进来时，远远看去像一个清纯的大学生。她放下双肩包在可可对面坐下来，可可发现她很美，有点像混血儿，白皙的皮肤像大理石一样光滑，如果不是那双带着一圈黑晕的眼睛，可可很难相信面前这个女孩子就是昨天晚上跟她通电话的那个痛苦绝望的女人。

要了一杯咖啡后，李芸点燃了一支烟，淡青色的烟雾从她的指间袅袅飘起，她猛地吸了一口后，跟可可讲起了她的故事。

下面是可可整理的谈话录音。

我出身在一座依山傍水的城市，父亲是一名公务员，母亲是一名小学教师，从我记事起，父亲和母亲就一直在争吵。有时两人争吵后，父亲会一连好几天不回家。

小时候，我不知道他们为什么总吵架，后来慢慢懂点事了，隐隐约约地觉得好像是为了什么女人，每次，母亲都伤心欲绝地寻死觅活，她吞过安眠药，割过手腕，每次都被抢救过来。

在我9岁那年，发生了一件事。一天晚上，我正在做作业，他俩在隔壁又吵起来了，不一会儿，传来了母亲歇斯底里的嚎啕声，还有父亲的怒吼声："你想怎么样？想拿死来威胁我吗？"他话音刚落，我便听到了一声沉闷的撞击声，房间的墙也似乎抖动了一下。

我跑过去一看，母亲头破血流，昏倒在地上，父亲一脸恐慌地将母亲从地上抱起来，然后打电话叫来了救护车。

母亲住院的那段日子，我一直住在奶奶家。一天中午，由于下午有美术课，我在奶奶家吃完饭后便急匆匆回家拿放在家里的美术书和画笔。

我身上有家里的钥匙，上楼后掏出钥匙先开了防盗门，准备开里面的门时，发现门没锁上，以为是父亲走时忘了。进了客厅我放下书包，正准备去房间拿书时，听到父母房间里好像有人在说话，平时，父亲中午是从不回家吃饭的，会是谁呢？我走过去轻轻推开门，我看到了令人不堪的一幕：一个陌生女人赤身裸体地躺在我父亲的怀里。他们也看到了站在门口的我，那女人一边发出尖叫，一边慌乱地拉上被子盖住了身子。父亲惊慌失措地坐起来，脸色一下变得苍白，他嘴唇嚅动着似乎想说什么。

我捂着脸一口气跑出了家。突然间，我明白了他们为什么经常吵架，明白了母亲为什么一次次地要自杀。我蹲在路边哭了，哭得很伤心，为可怜的母亲，也为不幸的自己。

那天下午我没去上学，那是我第一次逃学。

几天后，父亲来接母亲出院，那天正好是星期天，我在医院陪伴母亲。他进来后看见了我，脸上的表情极不自然。我没有叫他，只是默默地帮妈妈收拾东西。他小心地将妈妈扶下床，搀扶着她向病房外走去，也许母亲从未得到过这种细心的呵护和关爱，她脸上泛起了一阵红晕。

默默走在一旁的我，将这一切都看在眼里，我觉得父亲实在是太假、太虚伪了，他虚情假意的殷勤周到又一次骗了母亲。

自从发生了那件事后，我和父亲的关系变得很微妙，我很少喊“爸爸”，更不像以前那样搂着他的脖子撒娇，我无法忘记我看见的那一幕，无法原谅父亲对母亲的背叛和欺骗。有几次，母亲出去了，只有我和他在家，他似乎想跟我说什么，可是张了张口又走开了。我不知道他想跟我说什么，解释那天发生的事吗？对于我亲眼目睹的事实他又能作何解释呢？

从此，那件事像一枚永远拔不出的楔子一直插在我心上。它颠覆了我对父亲的尊敬和信赖，颠覆了我对家庭幸福的梦想。

那件事发生后，家里平静了一些日子，可是没过多久父母又开始了无休无止的争吵。一天晚上，在大吵了一场后，父亲摔门而去，母亲将我紧紧抱在怀里哭着说：“芸芸，妈妈活着都是为了你啊，如果不是为了你，我早就不想活了。”

看着她被痛苦和伤心折磨得日益憔悴的脸，我的心隐隐作痛，我突然说了一句令我自己也吃惊的话：“妈，你跟他离婚吧。”

母亲没想到我会说出这样的话，她惊愕地看着我，过了好一会儿，她抚摸着我的头说："我不是没想过离婚，可是你还这么小，我不愿让你成为一个没有父亲的孩子。"

其实，母亲当时不愿离婚一是对父亲还心存希望，希望他有一天会回心转意；二是那时她工资很低，如果离了婚，她担心没有能力将我抚养成人。这些原因我是后来才知道的。母亲是为了我才含羞忍辱地维持着已经死亡的婚姻。

在我13岁那年，那个一直在风雨中飘摇的家终于还是解体了。离婚是父亲提出来的，母亲这次没哭没闹，她的心已经死了。为争我的抚养费，离婚官司打上了法庭，最后，在法庭调解下，父亲答应每个月给我付200元生活费。

与母亲离婚不久，父亲便与一个女人结了婚。如果不是每个月要去他那里拿生活费，我与他之间几乎没有任何联系。而每一次去拿生活费对于我来说都是一种痛苦和屈辱。可是为了生存、为了能继续上学，我不得不忍受这种内心的折磨。

可就是这200元的生活费，他后来也不愿给我。在我上初三的那年，他与那个女人又离了婚，他说离婚时那个女人将他的存款都拿走了，他没钱给我，往后更没有。记得那天，没有拿到钱的我是一路哭着回家的，心里除了仇恨还是仇恨，我恨他的不负责任，恨他给了我一个破碎的家，恨他给了我一个不幸的童年和少年。

高中毕业时，出于经济上的考虑，我报考了本市一所师范院校。虽然当时进校时大都只有十八九岁，可是已经有人开始谈恋爱了。我对那些人嗤之以鼻，在我眼里，那些男孩子全是骗子，那些女孩子全是蠢货。

上学不久，就有一些男同学像讨厌的苍蝇一样围着我团团转，有的给我写肉麻的情诗，有的在我书里偷偷地夹一张约会的纸条，还有的提出在放学后护送我回家。

给我写情诗的，是一个鼻子两边长满了青春痘的男孩，每次，他总是在下课后趁我离开教室时，将他的情诗塞进我的抽屉。我装作什么都不知道的样子，故意当着他的面，让他的情诗一次次成了我随手擦桌子的废纸。

终于有一天，他在校门口堵住了我，脸上的青春痘因愤怒而一个个鼓胀着，随时都要爆炸似的，他质问我说："你为什么不看我写给你的诗？"我装出一脸无辜地说："你说什么呀？你什么时候给我写过诗呀，我怎么没看见。"

"你真的没看见？"他半信半疑地问。

我很认真地摇摇头。

他脸上立刻露出很欣喜的表情，然后挥挥手走了。我忍不住偷偷窃笑，这个讨厌的家伙一定又回去写什么狗屁情诗去了。

第二天上午，上完第一节课后我故意出去了一下，等我折回教室，果然发现抽屉里有一个用纸折叠成的三角形，我用眼角余光扫了他一眼，发现他正紧张不安地看着我，我慢慢吞吞地拆开那个三角形，然后故作惊讶地在教室里大喊大叫："这是谁写的情诗呀，真肉麻！"

同学纷纷围上来，有人从我手上抢过情诗在教室里大声朗诵起来：

你的眼睛是天上的星星，

一眨一眨在我心里闪烁。

你的唇是熟透的樱桃，

散发着诱人的芬芳。

…………

教室里响起此起彼伏的哄笑声，我幸灾乐祸地偷偷看了他一眼，那张点缀着青春痘的脸早已因羞怒扭曲得变了形。从那以后，他遇见我总是一副愤慨的样子。

这样的恶作剧还有一次。我捉弄的是那个往我书里夹约会纸条的男孩。

自从捉弄了"粉刺"后（就是那个长青春痘的男孩，我一直管他叫"粉刺"），我发觉围着我转的"苍蝇"少了，也许是"粉刺"在背后说了我坏话，也许有的"苍蝇"怕遭到"粉刺"同样的下场，急流勇退了。

一天下午，我打开课本，发现里面夹着一张纸条，上面写着："今天晚上你有空吗？如果有空，晚上7点半钟我在湖边等你。"

一看那笔迹我就知道是谁写的。他就坐在我后面，是一只最讨厌的"苍蝇"，经常故意装作无意地碰一下我的胳膊或在桌子底下碰碰我的脚，我早就对他烦透了。我从本子上撕下一张纸，然后写上一行字："晚上见，不见不散。"下课后，我将纸条偷偷夹进他的书里。

他一定看见了那张纸条，放学时，他激动地冲我作了一个会心的笑。

吃过晚饭，我躺在沙发上一边吃着爆米花一边看电视，心里想像着他在湖边等待我的情景，不由得偷着乐。说来也巧，正在我偷着乐的时候，外面刮起了狂风，不一会儿就听到了雨点敲击窗户的声音。想像着他在雨中像落汤鸡一样的狼狈样子，我又幸灾乐祸地乐了。

第二天，他没来上学，有同学代他向老师请假，说他感冒了，在家休息。

第三天，他蜡黄着脸来了，看我的眼神带着愠怒。第一节课刚下，他就从桌子底下踢我的脚说："前天晚上，你为什么不去？"

"真对不起，我妈病了，实在走不开。"我将早已编好的谎话拿出来搪塞他。

"真的？没骗我？"他问。

"我干吗要骗你呀"。

"那好，今天晚上怎么样？"

本以为教训他一下就算了，没想到他还真黏上了，如果说不去，他一定会怀疑我上次骗了他，何妨不再骗他一次，谁叫他像苍蝇一样黏着我！

我说："好，不见不散。"

那天晚上，我当然还是没去。

第二天，他见了我恨得牙痒痒的，恨不得将我撕成碎片。我却不怒不恼地冲着他很淑女地微笑。从那以后，讨厌的"苍蝇"们再也不往我跟前飞了。

一次次地玩着猫捉老鼠的游戏，我心里充满了报复男人的快感。

毕业后，我不想当老师，应聘去一家生产保健品的企业做市场营销。在那里我认识了S。

S是市场部经理，从我第一次见到他，我就知道他对我没安好心。是他的眼神给了我这样的预感。

那天，前去应聘的人很多，主考官就是S。我走进他办公室时，他正在低头看我的简历，直到看完了才漫不经心地抬起头，就在那一刹那间，我看到有一种怪怪的眼神在他眼镜片后一闪而过，他只问了几个简单的问题，便在我的名字后面打了一个钩。

不久后的一天，当他告诉我，他第一眼看到我就喜欢上了我时，你知道我当时的感觉是什么，恨不得啐他一脸口水。也许我父亲当年也是这样勾引女孩子的吧，也许他当年也是用这样的方法将女人骗上床的吧。我清楚地记得，那个跟我父亲上床的女人很年轻，也许跟我现在的年龄相仿，听说她是父亲那个部门的一个资料员。

我知道S有妻子，还有一个5岁多的女儿，看着他那张臃肿的、堆满了欲望的脸，我心里涌动着报复的冲动。

S很快就对我神魂颠倒，频频跟我约会，有时我会践约，有时我会找出种种理由故意失约，让他抓耳挠腮地坐立不安。

一天中午，S从办公室给我来电话，他的办公室与我们市场营销人员的办公室只有一墙之隔，他低沉着声音说："你到我办公室来一下。"

我一进他的办公室，他就反锁上门，我心里很紧张很害怕，便故意大声地说："经理，你找我有事吗？"那声音大得足以让隔壁所有的人都能听见。他只得装出公事公办，也大声地说："你将这份材料拿去复印一下。"然后走过来跟我悄悄耳语说："今晚我要带你去一个地方，保证让你玩得高兴。"

我故意装出很高兴的样子说："去哪儿？"

"××饭店。"

"我们在哪见面？"

"我在308房间等你。"

下午，我偷偷出去在公用电话亭给S的老婆打了一个电话，电话号码是我从S的手机里窃取的。我说："你老公在外面有了情人，今天晚上他与一个女人在××饭店308号房间幽会。"

"你是谁？我怎么相信你说的是真的？"

"信不信由你。"说完我便挂断了电话。

我知道他老婆今天晚上一定会去饭店捉奸，因为S告诉我他老婆是个醋坛子。

那天晚上，我故意晚到了半个小时。当我走到308房间门口时，看见走廊拐角处闪过一个女人的身影。我心里踏实下来。一进房间，S就迫不及待地要抱我，我借口去一下洗手间转身躲了进去，在里面磨磨蹭蹭了好一会儿，估计S的老婆该来了我才出来。就在S准备对我有进一步的行动时，门外传来一个女人的叫骂声和疯狂的撞门声，S吓得面如死灰，他松开了紧紧抱着我的手，惊恐地看着那扇在猛烈的撞击下发出吱吱响声的门。门终于被撞开了，当那女人和S扭打在一起的时候，我悄悄溜走了。

第二天，我托人给公司送去了辞职信，并换了手机。

从那以后，我再没见过S。

D是悄悄走进我心里的，当我发现了这一点时，我已失去了抗拒的能力。

我和他是在一次朋友聚会时认识的，他不像有些男人那样爱夸夸其谈，也不像一些男人那样围着女人献殷勤，他从不打断别人的谈话，对女人更是彬彬有礼。他不事张扬的个性和绅士风度深深打动了我。我做梦都没想到自己还会真爱上一个男人。

从小到大，我对男人从未有过好感，因为父亲骗了母亲，我便认为天下的男人都是骗子。因为父亲不对我负起做父亲的责任，我便认为天下的男人都是不负责任的。因为父亲的朝三暮四，我对男人充满了憎恶和蔑视，而那些像苍蝇一样围着我转的男同学，还有那个看见漂亮女人就千方百计想弄上床的S，则更加深了我的这种心理。这种心理让我将男人玩弄于股掌，一次次地将他们作为报复的对象。

第一次见到D，我对他并没有特殊的好感，如果他一开始就对我大献殷勤，他也许会成为我的又一个报复对象。可是他没有，他对我的关心是真诚的，具体的，像绵绵不断的细雨慢慢地滋润着我的心。就这样我被他打倒了，被他俘虏了。

我发现，原来我是渴望爱的，只是我不敢承认罢了，不敢承认是因为我心里有一枚难以拔出的楔子。我发现，当我将男人作为复仇的对象玩弄他们时，获得的只是一时的快感，我不快乐，也不幸福，在报复男人的过程中，我已不知不觉地将自己弄得伤痕累累。这些伤痕是掩饰不住的，它迟早会暴露出来。

我做梦也没想到，D竟是S的表弟。这世界是如此的大，又如此的小，一个我曾经报复过的男人和一个我深爱的男人，竟在一条大街上不期而遇，而当时，我正在D的身边。

若有所思：
　　父母是孩子的偶像，当这个偶像打碎了后，孩子心灵负载的痛苦是很难忘记的，即使他们长大成人，那些经常缠绕的噩梦，某种似曾相识的场景，对他们来说都是一种隐约的提醒。这种时时刻刻、无处不在的提醒，是痛彻心肺的折磨，也是无法摆脱的宿命。
　　正如一位心理学家说的那样：一个人的整体心理状态都是过去经历的延续。

　　那天，我和D逛了商场后进了一家麦当劳。当我挽着D的手臂从麦当劳出来时，迎面碰上了S和他的老婆。我惊呆了，他们也呆呆地站住了，我拉着D的手想回避，没想到D更紧地抓住了我的手，边走边笑眯眯地喊着"大哥、大嫂"迎了上去。天哪，那一刻我脑子里一片空白，我只感觉到S的老婆抓住了我的衣服，她一边用力扯着我的衣服一边骂着：你这个"狐狸精"、"骚货"，勾引了我男人，现在又来勾引我弟弟……

　　S拉开了他老婆，那女人骂骂咧咧地走了。D脸色苍白地看着我，眼里充满了伤心和愤怒。我浑身发抖，眼泪哗哗往下流，我说："你能听我解释吗……"他坚决地摇头，然后头也不回地走了。

　　他关了机，拔了电话插头，他不给我任何解释的机会。可是如果我真的走到他面前，我又能怎么解释呢？说我对S没有爱，只有报复。他会信吗？一个对男人充满了报复心理的女人他还会爱吗？

　　说到这里，泪水已打湿了李芸的脸。

　　我们每一个人都无法摆脱家庭对自己的影响，这似乎是一种宿命。不同的影响会有不同的性格，不同的个性，不同的命运。从这一点来说，李芸的命运，在她9岁那年似乎就已露出端倪。

> 要善于创造家庭生活中及宝贵的财富——相互爱恋，这也就是说要在家庭中创造有利于教育子女的气氛。
>
> ——（前苏联）苏霍姆林斯基

默许偷盗

那年，我上幼儿园中班。

一天，老师拿来几个我从未见过的玩具。她将我们分成5人一组，每组一个新玩具，大家轮着玩。发给我们组的是一个可以拼拆的宇宙飞船。那个宇宙飞船由许多零件组成，我们必须按纸上的图形，一个零件一个零件地将它组装起来……

下午，妈妈来幼儿园接我，我告诉她那个宇宙飞船是我拼装的，我说我很喜欢它，我想把它带回家玩。

妈妈听了，朝四下看了看，见老师和小朋友们都没有注意到我们，便悄声说："你把它放小书包里，别让人家看见。"说着她站在我后面挡住了别人的视线……

某大学在不到半年内连续发生了几起盗窃案，被盗者都是大学生，被盗物品有便携笔记本电脑、MP5播放器、手机、名牌运动衣等。

盗窃大都发生在白天。盗窃者既不是撬门入室，也不是从窗外爬进来的，而是趁学生不注意顺手牵羊把东西拿走的。

公安人员在校园里埋伏了半个多月，一天中午，终于将一名撬门入室的盗窃者抓获。他们发现，盗窃者竟是住在301室的薛铭。

这个消息在校园里引起极大的震动，更让301室的同学震惊不已，他们做梦也没想到，那个在校园里连连得手的大盗竟是与他们同居一室的薛铭，他们不理解他为什么要这么做，他并不缺钱花，在同学中，他家的经济条件虽然不是最好的，但他父母一个是本市税务局的干部，一个是本市一家银行的职员，刚进校时，他是宿舍唯一一个有手机的人。他学习成绩也不错，高考时是以高分考进这所重点大学的，学的是热门的软件工程。

审讯中，薛铭交待自己为什么作案时说的一番话，也许能解开人们心中的谜团。他说："我并不缺钱花，家里每个月给我的800元生活费绰绰有余，我偷那些东西不是为了变卖钱，而是因为我喜欢那些东西，喜欢的东西，我就想千方百计弄到手。"

据说公安人员到他家里搜查时，发现薛铭将偷来的东西都藏在一只箱子里，一件都没少，包括那台笔记本电脑。

自己喜欢的东西就想据为己有，这是薛铭犯罪的心理原因。可是如果对他形成这种心理的过程进行分析，就会发现，他最初的迷失发生在童年，在那个还分不清黑白、好坏的年龄，他早早地就在黑与白之间迷失了，他并不知道拿别人的东西是不对的，是可耻的，他以为只要他喜欢，那东西本就应该属于他。而大人的默许和怂恿更强化了他这种心理。

在我童年的时候，玩具还很少，男孩子玩枪、玩变形金刚，女孩子搭积木、玩布娃娃。仅此而已。那时，我的玩具只有一只玩具枪。有一次，爸爸去外地出差时给我买回了一个跟真人差不多大小的"阿童木"，院子里的小朋友听说了都羡慕极了，都想到我家来看"阿童木"，可是妈妈拦在门口将他们轰走了。

那时我已经上了幼儿园，幼儿园的玩具也很少，只有积木、拼图、木马，老师不是教我们唱歌跳舞，就是带我们到院子里玩滑滑梯、跷跷板。反正没什么太有意思的玩具。

一天，我走进幼儿园教室时，发现放玩具的桌子上多了几个我从未见过的玩具。我和班上的小朋友吵吵嚷嚷地要玩那些新玩具。老师将我们分成5人一组，每组一个新玩具，大家轮着玩。发给我们组的是一个可以拼拆的宇宙飞船。那个宇宙飞船由许多零件组成，要求我们按纸上的图形，一个零件一个零件将它组装起来。

我们组有3个女孩子，她们不喜欢玩宇宙飞船，看了一会儿觉得没意思就玩别的去了，只剩下我和另一个男孩子。我俩饶有兴趣地摆弄着那一堆零件，捣腾来捣腾去，最后终于将它组装成了。

老师表扬了我们，还将我们组装的宇宙飞船摆在教室最醒目的地方。

那天，我的心思全部都放在那只宇宙飞船上，我想，它要是我的该有多好啊，那样我就可以在家里玩它了。

下午，妈妈来幼儿园接我，我将她领到宇宙飞船前，骄傲地告诉她，这个宇宙飞船是我拼装的。妈妈听了，高兴得脸上笑开了花，她亲着我的脸蛋夸我说："我儿子真聪明！"

我望着那只宇宙飞船舍不得离开。

妈妈拉着我的手说："走吧，咱们回家去。"

我挣脱了她的手说："我喜欢这个宇宙飞船，我想把它带回家玩。"

妈妈听了，朝四下看了看，见老师和小朋友都没注意到我们，便悄声说："你把它放小书包里，别让人家看见。"说着她站在我后面挡住了别人的视线。

我马上将宇宙飞船拿过来放进了书包。

妈妈牵着我的手赶快离开了教室。

刚出幼儿园，我就按捺不住地将手伸进书包想拿出宇宙飞船，被妈妈低声喝住了："不要拿出来，回家再看。"

回家后，妈妈跟我说："明天如果老师问你拿小飞船没有，你就说没拿，知道吗？"

第二天早上，妈妈送我去幼儿园的路上又叮嘱我，要我记住她的话。

上课时，老师果然问起了这件事，她说："昨天放在桌上的一只小飞船不见了，有谁看见吗？"

小朋友们都回答说："没看见。"

我低着头没吭声。

这时老师走过来问我说："你看见小飞船了吗？"

我想起了妈妈的叮嘱，同时也害怕失去那只小飞船，我低着头摇了摇脑袋说："没看见。"

那年我上幼儿园中班，那只小飞船一直放在我的床头，成了我童年里最心爱的玩具之一。

我不知道我为什么会有这个毛病，凡是看见了我喜欢的、自己又没有的东西，心里总是痒痒的，总是有想将它拿过来的冲动（在交代时，薛铭从不用"偷"这个字眼，而是用"拿"）。

上小学二年级时，班上有个同学的亲戚从美国给他带了一个很漂亮的自动笔盒，只需按一下按钮，笔盒就会自动弹开，而且里面还有一套学习用具，有圆珠笔、铅笔、橡皮擦、透明胶、胶水，还有一把小剪刀。我羡慕极了，心想，我要是有一个这样的笔盒该多好啊。

那几天，我满脑子想的就是那个漂亮的笔盒。上课时，眼睛常常从课本溜到那个笔盒上。笔盒就放在离我不远的桌子上，看那个同学不时"叭"地弹开笔盒，我又羡慕又嫉妒，恨不得上前将那只笔盒抢过来。

一天上午，上完第二节课后开始做课间操，我对老师说要上厕所，老师同意了。我装作去上厕所，走到老师视线看不见的地方，马上跑步去了教室，那只笔盒果然就在桌上，我一把将它抓在手里，迅速藏进了内衣口袋，然后悄悄从教室溜出去赶到操场，我到操场时课间操还没做完。我的心怦怦直跳，不是因为害怕，而是因为兴奋和激动—这只漂亮的笔盒终于归我所有了。

做完操走进教室，那个同学马上发现桌上的笔盒不见了，他哭着跟老师报告了。老师说班上的同学都在操场做操，不可能是本班同学拿的，一定是其他人顺手牵羊拿走的。老师责备他说："这么好的笔盒你就不应该放在桌子上，应该放书包里。"

这件事后来再没人追究。我将笔盒拿回家，藏在爸爸妈妈看不到的地方，晚上，等他们都睡下了，我才将笔盒拿出来玩。没多久就玩腻了，我将笔盒随便扔进了抽屉。一天，妈妈在抽屉里看见了那只笔盒，她疑惑地问我说："你这只笔盒是哪来的？"我随口编了个谎话说："是班上一个同学送给我的。"妈妈相信了我的话，没有刨根究底。

像这样的事我干过不止一次，可是从未被人发现过。可是高一的那次就没那么幸运。

那次，我是看中了一个同学的手表，是外国进口的，不但防水防震，而且样子很好看，听说是他爸爸送给他的生日礼物。虽然我很想得到那只手表，却一直没有机会下手，他从不取下手表。

有一天我终于等到了机会。我跟他还有几个同学一起去游泳馆游泳，我看见他将手表取下来放进了裤子口袋，那天游泳馆人很多，没有地方存放衣物，我们的衣物只能放在水池边。下水后，趁他不注意，我潜回到岸边，从他口袋里掏出手表匆匆塞进自己口袋里。

没想到，这一切都被他看现了，他游到水池边，然后将我和其他同学都喊过去，他说："我手表不见了，对不起，我必须挨个搜你们的口袋。"说着，他先搜我的口袋，结果搜出了那只手表，我结结巴巴为自己辩护，可是他冷笑一声说："别狡辩了，我亲眼看见是你拿的。"

这件事捅到老师那里，老师将我爸爸喊到了学校。那天晚上，爸爸怒不可遏地狠狠揍了我一顿，那是他第一次打我。妈妈也说我不该拿别人的东西，她说："这事要是闹出去，还有脸见人吗？你不就毁了吗？"

由于父母从中疏通，这件事被老师压下来，没向学校反映。父亲又带我去那个同学家当面赔礼道歉，对方也就没再追究。

虽然我知道拿别人的东西不对，但是却遏制不住将喜欢的东西据为己有的欲望。上大学后，我虽然极力克制自己的这种欲望，但是当看到同室的同学拿回那台小巧玲珑的便携电脑时，那种欲望又开始钻出来折磨我。

周末那天，同室的几个同学相约去逛书店，刚买回电脑的那个同学正与电脑"热恋"，表示不愿跟他们一块出去。听说他不去，我也扯了个由头说钱用完了，得回家拿钱，然后便当着他们的面背上包先走了。其实我并没走远，在校外闲逛到12点多钟，估计楼上的人大都去食堂吃饭了，我又溜回到公寓二楼，我给楼上打了一个电话，是一个同学接的，我说找301室×××，接着我便听到他一路小跑去接电话的脚步声。我赶快上到三楼，轻而易举地就拿到了那台电脑。

　　欲望这个魔鬼一旦放出来，想收回去就很难了。不久，我发现楼下一个同学拿的MP5播放器很不错，便很想将它弄到手。我跟这个同学在上公共课时常见面，渐渐熟悉了。一次公共课，我跟他坐一起，他将一串钥匙随手放在桌上，课听到一半他就睡着了，我赶紧拿着他的钥匙一口气跑到校门口，我知道那里有一个配钥匙的摊点。公寓房间的钥匙大同小异，我很快就找出了他房间的钥匙，配好钥匙回到教室，他还在呼呼大睡。

　　风声紧时，我也想过悬崖勒马，我知道自己是在犯罪，一旦被抓住了，我就什么都完了，可是一看到自己喜欢的东西时，我又控制不住自己想得到它的欲望。

　　听完薛铭的故事，我想起了这样一个场景和对话。有人问一位诺贝尔奖获得者："您在哪所大学、哪个实验室学到了您认为最主要的东西呢？"那位白发苍苍的获奖者回答："是在幼儿园。"提问者愣住了，又问："您在幼儿园学到些什么呢？"科学家耐心地回答说："我在幼儿园里学到了把自己的东西分一半给小伙伴们；不是自己的东西不要拿；东西要放整齐；吃饭前要洗手；做错了事情要表示歉意；午饭后要休息；要仔细观察周围的大自然。从根本上说，我学到的全部东西就是这些。"

　　这段耐人寻味的对话告诉我们：一切都是从童年开始的，一切都是教育的结果。

　　真正的教育不在口训而在于实行。

　　　　　　　　　　　　——（法）卢梭

破碎的连衣裙

　　事情发生在我6岁生日后不久。那时我上幼儿园大班，为了迎接"六一"儿童节，老师组织我们排练节目，说是要在"六一"儿童节那天表演给我们的爸爸妈妈看。我很想参加跳舞，可是老师没点我，她让我参加合唱。

　　"六一"那天，爸爸妈妈们都来了。演出开始前，老师让我跟一个参加跳舞的小朋友换一下裙子，说我的裙子比她的漂亮，跳舞时穿上它更好看。演出结束后，妈妈气急败坏地跑过来问我："怎么穿这么难看的裙子，你的裙子呢？"

　　听说裙子换给了那个跳舞的小朋友，妈妈扬起手便给了我一巴掌。

　　回到家里，妈妈的怒气越蹿越高，她拿起剪刀将那条连衣裙剪得稀巴烂，一边剪一边咬牙切齿地说："我要让你长个记性，自己得不到的东西决不能让别人得到……"

对于筱敏来说，这是个黑色的、疯狂的日子。

那天，她将早已准备好的硫酸泼在了一直深爱着的男友章力脸上，造成对方手、面部和左眼睑烧伤的严重后果。在法庭上，筱敏痛哭流涕地为自己申辩，她说她爱章力，她之所以这样做是因为害怕失去他。她说："无论他的脸烧成什么样子，我都会服侍他一辈子。"

法庭以故意伤害罪判处筱敏有期徒刑10年。

筱敏与章力是在一次朋友派对上认识的，当时她只有20岁，正在读成人大专。章力25岁，在一家文化广告公司做平面设计。在那次派对上，筱敏和章力一见钟情。

事隔几年，谈起第一次见到章力，高墙内的筱敏，眼睛里仍闪着柔柔的波光。

那天，我是被一个同学拉去的，她说有一个朋友要在家里举办假面舞会，届时会有许多人参加。一听说有假面舞会，我立刻兴奋起来，原来只在电影上看过，从没亲眼见过，更别说参加了。和一群认识的或不认识的人戴着面具，尽情地宣泄，无拘无束地疯玩，不用装淑女，也不用担心怕熟人认出来影响形象，一定很过瘾。

到那里后，发现来的人不少，我特地挑选了一个狐狸面具戴上。舞池里只有几点摇曳的烛光，在一阵节奏明快的音乐声中，一个戴着猪八戒面具的人在舞池中间扭动着身体跳起了踢踏舞，漂亮娴熟的舞步引起阵阵欢呼声和掌声。我随着节奏晃动着身体，沉浸在美妙的音乐里。

这段音乐过后是一段轻慢舒缓的音乐，那个戴着猪八戒面具的人走到我面前说："小狐狸，我能请你跳个舞吗？"他的声音很有磁性。我将手伸给他，他轻轻托着，我们一起旋进了舞池。他的慢四跳得也棒极了，他托着我的手，扶着我的腰，我有一种飘飘欲仙的感觉。

那天晚上，我几乎成了他的固定舞伴，只要音乐响起，他会第一个走过来请我。我们配合默契，随着疯狂的节奏我们跳得疯狂，踏着轻慢舒缓的节拍，我们轻快地旋转。在跳舞时，他几乎不说话，我相信他是整个身心都沉浸在音乐中了。

有时跳着跳着，我心里会暗暗地想，这张丑陋的面具后面会是一张怎样的脸呢？

　　舞会进行到尾声，舞池里的灯光突然亮了，人们纷纷摘下面具。昏暗的光线，滑稽的面具使我一直处在一种不真实的感觉里，摘下面具，置身在真实的环境里，反而让我有点拘谨，除了那个带我来的同学，其他人我都不认识，看他们彼此熟悉地打着招呼，我仿佛是一个陌生的、莽撞的闯入者。那个戴着猪八戒面具的人是谁呢，我用好奇的目光在人群中搜索着他。

　　后来，我是从那件暗红色的T恤将他认出来的，他也认出了我，微笑着朝我走过来。虽然刚才跳舞时我不止一次地猜想过面具后面的脸，可是当他真实地站在我面前时，仍给了我不小的惊喜，除了英俊潇洒，我想不出用什么词来形容他。

　　"小狐狸，认识一下，我是猪八戒章力。"他微笑着向我伸出手。

　　我忍不住哈哈大笑，笑得弯下了腰。见章力莫名其妙地看着我，我笑得上气不接下气地说："你戴那么难看的面具，我还以为你是个丑八怪呢。"

　　章力也笑了，说："那就是说，我没有你想像的那么丑。你知道吗，你比我想像的还要美。"

　　那天晚上，我们像一见如故的老熟人一样聊得很开心。分手时，章力要走了我的电话号码。

　　后来我们就开始了频繁的约会。章力毕业于某师范院校，学的是美术教育专业，可是毕业后他没有去教书，搞起了平面设计，几年下来，在圈内已小有名气。我见过他为一家房地产公司设计的广告。那幅大型广告立在闹市区的街头，它以新颖大胆的构思吸引着众多眼球。

　　我们的关系很快就升温了，我们从朋友变成了恋人。那天，他将我拥在怀里在我耳边轻轻地说："你知道我有多爱你吗？你知道爱到心痛是什么滋味吗？做我的爱人吧，一生一世……"

　　我在他怀里幸福得热泪盈眶，浑身颤抖。上天如此厚爱我，将这么优秀的男孩送到我面前，我还有什么不满足的？

　　因为章力，我们认识后的第一个情人节过得浪漫而又温馨。那天傍晚，章力抱着99枝玫瑰来学校接我，那玫瑰在他怀里红得像一束火焰，引来许多女同学美慕的目光。我们相拥着去了一家酒吧，章力让服务生拿来一把蜡烛，他将蜡烛在桌子中间组成一个心形的图案后一根根点燃，然后他指着那个跳动的"心"说："这颗心永远都属于你。"

章力天资聪明，多才多艺，因为太出色太优秀了，我心里渐渐产生了怕失去他的恐惧。这种恐惧有时会弄得我坐卧不安，心神不宁。我开始注意他的行踪，开始留意他传呼机上的留言。有时他和朋友聚会没让我一起去，我就会胡思乱想，担心他看上了别的女孩子。有时，我会要他一遍遍地对我说："我爱你"，似乎这样说了，就是一种保证，就是一种承诺。

一个周末，我们本说好了一起去打网球，他来电话说公司老板有事找他，不能跟我去打网球了。放下电话，我心里七上八下的，不知道他说的是不是真话。

晚上见面后，我问他老板找他有什么事，为什么去了一整天。

他不耐烦地说："你怎么像审犯人似的，对我不相信，你可以去问我的老板呀。"

我委屈地哭了。那是我们第一次发生争吵。

几天后又发生了一次争吵。那天晚上我问他："你是不是不爱我了？"

他说："你是不是有点神经过敏。"

"如果你还爱我，就跟我说。"

"说什么？"

"说我爱你呀。"

他皱着眉头说："你烦不烦啊。"

我气得呜呜哭了，我说："现在让你说，你就烦了，以前你烦过吗？你现在是烦我了，是不是？"

虽然后来章力向我认了错，说那天心情不好，但那天晚上的争吵却在我心里投下了一道阴影，我觉得他变了。

一次，我从章力的手机里发现了一个频繁拨出的手机号码，如此频繁联系的一定是关系不一般的人。我悄悄记下了那个号码。

第二天，我趁章力去卫生间，拿他的手机拨通了那个号码，接电话的是一个女孩子，她声音娇嗔地问："你在哪里，怎么现在才跟我打电话呀？"

我啪地关上手机，眼前一阵阵发黑，心脏仿佛停止了跳动。章力从卫生间出来，见我脸上神色不对，问我说："你怎么了？"

我嘴唇哆嗦着问他："你告诉我，她……是谁？"

章力愣了一下，说："你说什么呀？"

"别骗我了，我刚才用你的手机跟她通过话。"

章力脸色骤变，过了一会儿，他低沉着嗓音说："我不知道这件事该怎么跟你说，她一直在追求我，我……"他停下不往下说了。

"你也爱她，是吗？"

当我这样问他的时候，我多么希望他说他不爱她，说那个女孩子追求他只是一厢情愿。可是章力看了我一眼后低下了头。我脑子轰的一下，顿时一片空白，我觉得天塌了，地陷了，眼前的一切都在旋转，章力过来想扶我，我拼出全身力气给了他一耳光。然后，我摇摇晃晃地走到路边拦住了一辆出租车。

我不知道自己昏睡了多久，醒来时天仍然黑着，当想到也许会永远失去章力时，我嚎啕大哭。不，我不能失去他，我不能没有他，我不能让那个女孩得到他，他是我的，他永远都应该是我的。

可是，怎么才能让章力重新回到我的身边？怎么才能让章力重新爱我，像他曾经许诺的那样俩人一生一世不分开？往事像潮水一样一波一波地涌上心头，我回忆着与章力的相遇，回忆着他的眼神，他的声音，他潇洒的舞步。我回忆着那个浪漫的情人节，回忆着他的笑声，他对我说过的话。不禁又悲从心来，我不能没有他，我不能让他离开我。一张褪色的照片从记忆深处慢慢浮上来，照片上的小女孩穿着一条粉色、上面点缀着小白圆点、还镶着一圈儿花边的连衣裙，美丽得像个小公主。

照片上的小女孩就是我，那条漂亮的裙子，是爸爸送给我的6岁生日礼物。那张照片是在我6岁生日那天照的，妈妈说这张照片很漂亮，她加洗了好多张，分别送给一些亲朋好友。我在姨妈和舅舅家的影集里都看到过这张照片。

可是，我身上穿的那条漂亮的连衣裙早已被妈妈剪成了碎片，化成了灰烬。只有这张保存下来的照片，让我还能记起那条裙子美丽的模样。

事情发生在我6岁生日后不久。那时我上幼儿园大班，为了迎接"六一"儿童节，老师组织我们排练节目，说是要在"六一"儿童节那天表演给我们的爸爸妈妈看。我很想参加跳舞，可老师没点我，她让我参加合唱。

"六一"那天，爸爸妈妈们都来了。演出开始前，老师让我跟一个参加跳舞的小朋友换一下裙子，说我的裙子比她的漂亮，跳舞时穿上它更好看。虽然心里一百个不愿意，可是我不敢说，只好将裙子脱下来给了她。我穿上了那个小朋友的裙子，一条白色的、皱巴巴的裙子。第一个节目就是合唱，我只好穿着那条皱巴巴的裙子上台了。我看见了坐在台下的妈妈，我似乎看见了她失望的眼神，站在台上我心里难过得直想哭。

演出刚一结束，妈妈气急败坏地跑过来问我："怎么穿这么难看的裙子，你的裙子呢？"

听说裙子换给了那个跳舞的小朋友，妈妈扬起手便给了我一巴掌："你这个傻瓜、笨蛋，自己的东西为什么要给别人？小时候就这么没用，长大了，别人还不在你头上拉屎拉尿？"

那个小朋友跳完舞刚从台上下来，妈妈就冲过去脱下了她的裙子。

回到家里，妈妈的怒气越蹿越高，她拿起剪刀将那条裙子剪得稀巴烂，她一边剪着一边咬牙切齿地说："我要让你长个记性，自己得不到的东西决不能让别人得到……"

对，自己得不到的东西也决不能让别人得到。我想，如果他没有英俊潇洒的外貌，也许就不会有女孩子追求他、爱他，追慕虚荣的女孩子不会爱上一个外貌丑陋的人。我心里产生了一个念头，我要让章力毁容，使他成为一个丑陋的人，只有这样，他才能永远属于我。

开始，我被自己这个可怕的念头吓了一跳。可是这个念头一旦产生，便像魔鬼缠身一样赶也赶不走。最终促使我下手的是章力的电话。

章力来电话，说想跟我好好谈谈，并让我将他写给我的信都带给他。我知道章力是想跟我谈分手的事。那个潜伏着的可怕念头牢牢地抓住了我的心。

章力约我在学校门口酒吧见面。我装着若无其事的样子在他对面坐下来，甚至还对他笑了笑。

章力渐渐放松下来，他说："其实我很早就想跟你谈谈，我觉得我俩不是太合适，但我们还可以做朋友……"

我忽地站起来，说："章力，我爱你，此生我只爱你一个男人。"说着，我将早已准备好的硫酸朝他脸上泼去，章力下意识地挥手挡了一下自己的脸，接着便发出一声惨叫，我看见皮肤在一块块脱落，我甚至能听到硫酸烧灼皮肤的"嗞嗞"声，我被眼前的惨相吓坏了，一下瘫坐在地上。

人像一张硬盘，记忆便是储存在这张硬盘上的信息。那些一直储存着的年代已久的信息，有时说不定就会变成攻击"硬盘"的黑客，黑掉所有的信息，或者死机。

从筱敏记忆深处飘出的那条连衣裙，就是一个这样的"黑客"！

> 撕坏的衣服很快就能补；而恶毒的话却让孩子的心灵留下创伤。
>
> ——（美）朗费罗

没有谁天生就是罪犯，一切都是教育的结果。常常听到一些父母这样教导自己的孩子："他打你，你就打他，打不赢咬也要咬他一口"、"凭什么你就该拿那个小苹果，去，去拿那个最大的"、"是你的东西为什么要给别人，傻瓜蛋才这样做"……在这样的教导下，孩子的心就会渐渐失去纯真和善良，变得自私和残暴。这种教导其实也是一把双刃剑，它在刺伤别人的同时，也会刺伤自己。

没有拔出的毒芽

我第一次对别人实施性侵犯时只有11岁。那是住在我家楼下的一个6岁的小女孩。

一天，我从爸爸书桌抽屉里看到一副扑克牌，发现扑克牌的图案全都是裸体画，而且大都是男人和女人抱在一起的。我将扑克牌拿走了，偷偷藏在自己房间里，有时趁家里没人就拿出来看。真的裸体会是什么样的呢？我一边看，一边胡思乱想着。

星期天，爸爸和妈妈都出去了，我将住在楼下的妞妞喊到家里，让她看扑克牌上的裸体画，她捂着眼睛说："羞死人了，我不看。"

我说："妞妞，你把衣服脱下来，让我看看你是不是这个样子。"

妞妞生气了，扭身要走，我将她抱住了，她拼命挣扎，可是我的力气比她大，硬是把她按在床上将衣服脱下来。我将她从上到下看了一遍，心里很失望，妞妞的胸脯平平的。

某市一连发生了几起强奸、轮奸案，受害人大都是女中学生。据受害人举报，罪犯作案时都蒙着面罩，他们持凶器将受害人胁迫到僻静处，然后肆意蹂躏。

　　根据受害人提供的线索，公安部门分析认为，这几起案件是同一个犯罪团伙所为。根据犯罪分子的作案规律，公安人员在几所中学周边进行了布控。

　　几天后，案件告破，犯罪团伙成员纷纷落网。令人难以置信的是，这些作恶多端的犯罪分子除主犯19岁外，其他都是未成年人，最大的17岁，最小的只有14岁。

　　关剑参与了3起持刀轮奸案，其中一次，是他用刀将受害人的脸部划伤。在审理这起案件时，办案人员发现，这个犯罪团伙成员，大都来自离异家庭，只有关剑例外，他家庭条件优越，父亲是处级干部，母亲是会计，本人是一所重点中学的学生，而且学习成绩也不错。像他这样的少年怎么会卷进犯罪团伙呢？

　　此案告破后，听说关剑的母亲曾到有关部门大哭大闹，说不该抓她的儿子，说关剑是被人逼迫的。他父亲也四处活动，想为儿子开脱罪责。可是法律是无情的，在大量确凿的证据面前，所有的狡辩和抵赖都是徒劳的。

　　关剑在法庭上对自己所犯的罪行供认不讳，他痛哭流涕地请求法官给他改过自新的机会。一审作出判决后，关剑提出了上诉，在他递交的上诉书中，还有一封写给法官的信。

　　在这封信里，关剑后悔莫及地讲述了自己走上犯罪道路的心理演变过程，他说："如果当初有人告诉我，干这些坏事是要坐牢、要杀头的，也许我会早早悬崖勒马，可是没有人提醒我，包括我的父亲和母亲……"

　　记者在做进一步的深入采访后发现，关剑一直生活在父母的庇护下，他在外面无论是做了坏事还是有了过错，他父母都会站出来帮他百般抵赖，即使抵赖不掉，也会由父母出来帮他收拾残局。这种庇护，使关剑养成了随心所欲，干什么都不顾后果的恶劣秉性。因为他知道，无论他干了什么坏事，父母一定会在后面帮他兜着，一次次尝到甜头后，他更加肆无忌惮。可没想到这一次父母帮不了他，他必须为自己做的坏事付出沉重代价。

从表面看，案发之前，关剑似乎没有什么劣迹，可是据他自己交代，在参与犯罪集团之前，他曾有过几次对别人进行性侵犯的经历，只是每一次（尤其是第一次）都因为有父母的掩盖和庇护而化险为夷。

　　我第一次对别人实施性侵犯时只有11岁。那是住在我家楼下的一个6岁的小女孩，她叫妞妞。

　　其实那时候我还什么都不懂，只是好奇而已。我最初的好奇心是由一副扑克牌引起的。

　　一天，我在爸爸抽屉里翻找东西时发现了一副扑克牌，便好奇地打开了，发现扑克牌的图案全都是裸体画，有男的，也有女的，大部分都是男人和女人抱在一起的。我觉得挺好玩的，就将这副扑克牌拿走了，偷偷藏在自己的房间，如果家里没人我就拿出来看。画在扑克牌上的女人的裸体让我很好奇，也让我想入非非，但那毕竟是画，并不是真的裸体。真的裸体会是什么样的呢？有时，我一边看着，一边胡思乱想着。

　　一个星期天，爸爸和妈妈都出去了，我将住在我家楼下的妞妞喊到家里，我说我有一副很好玩的扑克牌。妞妞当时还在上幼儿园大班，因她妈妈跟我爸是一个单位的同事，所以两家有时也会互相串串门儿，大人们聊天时，我们就在一块玩儿。所以妞妞一听说我有一副很好玩的扑克牌，便马上"噔噔噔"地上楼来了。我拿出扑克牌，让她看扑克牌上的裸体画，妞妞捂着眼睛说："羞死人了，我不看。"

　　我说："妞妞，你把衣服脱下来，让我看看你是不是这个样子。"

　　妞妞生气了，扭身要走，我将她抱住了，她拼命挣扎，可是我的力气比她大，硬是把她按在床上将衣服脱下来。我将她从上到下看了一遍，心里暗暗失望，妞妞的胸脯平平的。

　　妞妞穿上衣服哭着走了。我心里害怕起来，如果妞妞回家将这件事讲出来，她爸爸妈妈一定不会饶过我，他们一定会告诉我爸爸，那我爸爸还不揍扁了我。

　　果然，那天下午，妞妞妈妈满脸怒气地找上门来，对我爸爸说："你儿子对我女儿要流氓。"然后将妞妞告诉她的事全说了。

　　我躲在房间里不敢出来，心里充满了大难临头的恐惧。可没想到爸爸听完后说："你家妞妞一定是在撒谎，我儿子决不会做那样的事，上午我跟他妈妈一直都在家，怎么可能呢？再说了，我们家根本就没有你说的那种扑克牌。"

我心里暗暗吃惊，他这不是在撒谎吗，他和妈妈明明上午都出去了，直到吃午饭时才回来，却说两人上午一直都在家，他明明有那副扑克牌却矢口否认说没有。

妞妞妈妈拿不出其他证据，只好气呼呼地走了。

爸爸敲开房门让我交出扑克牌，拿到扑克牌后他狠狠盯了我一眼，没再说什么。

那一次要不是爸爸帮我极力掩饰和抵赖，妞妞妈妈决不会轻饶我。从那以后，妞妞看见我总是一副很仇恨的样子，我再不敢打她的主意了。

上初二那年，我14岁，看电视上男人和女人抱着亲嘴觉得很刺激，便很想模仿他们。我心里一直暗暗喜欢长得很漂亮的同桌鲁姗姗，可是鲁姗姗很傲慢，对我爱理不理的。她越是不理我，我越是喜欢她，有了想跟女孩子亲嘴的念头时，我第一个就想到了她。

那几天，我脑子里每天都想着这件事，却一直找不到机会。大庭广众之下我没有那个胆量，可是放学后，她总跟一群女孩子说说笑笑一块儿走，使我很难靠近她。

有一天，机会终于来了。那天轮到我们和前排两个同学做卫生，我们四个人分工，一人扫一行，谁先扫完谁先回家。我故意扫得很慢，尽量保持跟鲁姗姗差不多的距离。果然，那两个同学很快就扫完了，扔下扫帚背起书包就走了，教室里只剩下我和鲁姗姗。过了一会儿，我们也同时扫完了。我趁鲁姗姗低头清理书包时，突然抱住了她，并强行亲了她，她惊恐得大声喊叫起来，她的叫喊声让我很害怕，我松开手抓起书包就跑了。

第二天，我心里有点害怕便谎称头疼没去上学。可是一大早老师就打电话将我妈妈喊去了。原来，我逃走后，鲁姗姗哭着离开教室时被老师看见了，几经盘问后，她说出了实情。老师向我妈讲了前一天发生的事，她说："这件事对鲁姗姗的伤害挺大的，她的家长非常气愤，要是他们将这件事捅到校长那里，你儿子一定要受处分。"

妈妈离开学校后，在回家的路上给爸爸打电话，让他马上回家。妈妈刚进门，爸爸也赶回来了。听妈妈说了事情的经过，爸爸的脸色一下变得很难看，他说："你小子给我闯了这么大的祸，看我怎么收拾你。"

他们开始商量怎样才能尽快平息此事。最后决定由他们亲自去鲁姗姗家赔礼道歉，说我是因为喜欢鲁姗姗，才一时冲动干出了傻事，请求他们的原谅。商量出对策后，他俩拎着大包小包的礼品马上去了鲁姗姗家。

我不知道他们去鲁姗姗家说了些什么，反正后来学校没找我麻烦，只是将我和鲁姗姗的座位调换开了。

事情虽然平息了，但班上同学不知怎么都知道了这件事，女生全都对我侧目而视，就连一些男生也对我一脸的鄙视和不屑。在学校我很孤独，没有人搭理我，那些女生像避瘟神一样躲着我，特别是鲁姗姗，从不拿正眼看我，有时从我身边走过时还会发出鄙夷的冷笑。我恨她，如果不是她将这件事讲出去，同学就不会拿这样的态度对待我。

但是对鲁姗姗的恨还掺杂着一种很复杂的情绪，那是一种想得到又无法得到的郁闷，一种近在眼前而又远在天边的绝望。当她发育得已经像个少女的身影在我眼前出现，我就不由得脸热心跳，但是一看到她那张冷若冰霜的脸，我的心马上又会充满浓浓的恨意。

这种倍感压抑的生活终于随着中考结束了。填报中考志愿时，我决定跨区报考一所离家较远的重点中学，那样就不会有人知道我的过去，就不会有人用鄙夷的眼光看我。父母没有反对我的决定，这在我的意料之中，因为他们对我很溺爱，一向都由着我性子来。

没想到我的中考成绩离那所重点中学的分数线差了5分。父母急得像热锅上的蚂蚁，到处托人找关系，最后花了3万元赞助费让我进了那所重点中学。

如果不是遇见小J，也许我会忘记过去不愉快的日子，也许我会成为一个好学生，好少年，但是命中注定我遇见了他，从此，我彻底地变了。

遇见小J纯属偶然。小J是我小学同学，他上3年级时，父母离婚，他被判给了父亲，离婚才几天，父亲就给他领回了一个年轻的继母。继母不但比母亲年轻，而且长得漂亮，父亲在她面前俯首贴耳，小J渐渐很少回家，后来就没来上学了。

我是在网巴遇见小J的，他一身新潮打扮，脖子上还挂着一个银十字架。他一眼就认出了我，过来跟我打招呼。因为小J，我认识了老大和他的一帮小兄弟。

一天，小J神秘地问我："你睡过女孩子吗？"

我摇了摇头。小J马上一脸瞧不起地说："你也太落伍了，像我们这个年龄的，有几个没睡过女孩子，你也太没本事了。"

不知怎么，听了他这番话后，我有一种自惭形秽的感觉。

这时，小J又凑到我耳边说："你知道老大睡了多少女孩子吗？告诉你吧，最少有这个数。"说着他伸出10个手指。

我暗暗大吃一惊，心里有一种怪怪的感觉，既羡慕又嫉妒。

过了几天，小J来学校找我，说老大要见我，约好那天放学后在校门口见面。

见了面，老大看着我"嘿嘿"笑了几声，然后说："听说你还是个处男，怎么样，要大哥帮忙吗？"

"处男"两个字狠狠刺伤了我，我有一种无地自容的感觉，觉得自己似乎真的很无能，很窝囊，是废物。也就在这时，我鬼使神差地突然想起了鲁姗姗，想起了那段不堪回首、备受压抑的日子。我对老大说起了那个发生在两年前的"亲嘴事件"。

他听了后说："这事包在你大哥我身上，你只负责搞清楚那个小妞在哪个学校就行。"

我很快就打听到了鲁姗姗就读的学校，并知道她们学校有晚自习，放晚自习的时间是晚上8点半钟。我将这一切都告诉了老大。

两天后，老大让小J通知我准备在当天晚上动手，约好晚上8点钟在鲁姗姗她们学校附近的路灯下见面。

那天晚上，学校要上自习课，我向老师请假谎称感冒了，便匆匆离开了学校。在坐车赶往见面地点的路上，我又紧张又兴奋。到了那里后，见小J和老大已经来了。老大对我说："等她出来后，你跟紧着她，别让她发现，走到街的拐角处，我们会在那里堵住她，等我干完了，你再上，这是规矩，懂吗？"

说完，他塞给我一个面罩，便和小J朝那条街的拐角走去，那是一个路灯几乎照不到的地方，很昏暗，行人相对也较少。

他们走后，我在学校对面找了一个不容易被人发现的地方藏了起来，从如果当初，邪恶的毒芽刚冒出地面时，关剑的父母能及时拔掉它，也许就不会有今天的罪恶。遗憾的是，关剑的父母没这么做，他们反而一直在用溺爱和庇护为这棵毒芽施肥浇水，遮风挡雨。他们自以为是在爱儿子，却不知，他们无意间已成了儿子的帮凶。

那里，我可以清楚地看到从学校走出来的每一个人，别人却很难发现我。随着时间一分一秒地过去，我开始害怕起来，等待的时间越长，害怕的感觉越强烈，有好几次我甚至想逃走。可是我又拼命给自己打气：你不是早就想报复她吗，机会来了，怎么能逃走呢。

终于等到学校放学，终于看到鲁姗姗走出学校大门，我知道她要拐到学校后面那条街上坐公汽回家。我悄悄尾随在她后面。到了拐角，戴着面罩的老大和小J突然从黑暗处包抄上来，一左一右地夹住了她的胳膊，她正准备喊叫，老大拿刀抵住了她的脖子，连拖带拽地将她弄到胡同里。我听到了挣扎声和沉重的呼吸声，我不知道自己是怎样上去的，脑子很乱，很紧张。事情完了后，我们就跑了。

后来，我又跟老大和小J一起轮奸了另一所中学的一个女生，由于她拼命挣扎，我还用刀威胁她，划伤了她的脸。

> 爱之必以其道。
>
> ——郑板桥

一个毒枭的自白

在我童年里，父亲给我上的第一课是"拾金不昧是傻瓜"。

那是我7岁时。一天，在放学回家的路上，我捡到了一个公文包，里面有一个存折，还有一沓100元一张的人民币。当时心里很矛盾，没有人看见我捡到公文包，我可以神不知鬼不觉地将它拿走，可是我想起了老师的话：捡到东西应该交给失主，要做一个拾金不昧的好孩子……

回到家，父亲问我为什么这么晚才回来。我兴奋地告诉了他在路上发生的事。心想，爸爸一定会表扬我。

没想到，他听完后狠狠给了我一巴掌并破口大骂说："你他妈的真是个傻瓜，捡到东西还傻等着要交给别人，就是交也不能白给呀。"

父亲的话让我很迷茫，我不知道自己做得到底对不对，他说的为什么跟老师说的不一样？我到底该听谁的？

除夕之夜，空气里飘着一股浓浓的喜庆的味道。

晚上7点多钟，一个身穿皮夹克的年轻人从公园侧门鬼影子般飘了进去。

这里已没有了白天的喧闹，没有了摩肩接踵的游人，稀稀落落、时明时暗的灯光使公园里的景物变得模糊不清。他走走停停，不时朝身后张望。走到一座假山前他停住了，他站在那里点燃了一支烟，黑暗中，烟火时明时灭。这时候，从远处传来一阵咳嗽声，他马上摁灭烟头藏到假山后面。

来人也是一个年轻人，有点胖，戴着一顶蘑菇状的绒线帽。他站在假山前，低声说："猴哥，是我。"

穿皮夹克的年轻人从假山后出来，低声问："带来了吗？"

"带来了。"胖子说着从怀里掏出一个纸包。

就在这时，几名公安人员仿佛从天而降，迅即将他们按倒在地上。公安人员从胖子身上搜出了500克冰毒。

原来，这伙贩毒分子的活动早已进入公安人员的视线，这座公园是他们进行毒品交易的一个地点，为了抓到他们，公安人员已在这里埋伏了好几天。

穿皮夹克的毒贩叫刘颉，外号猴子，这个城市不少"瘾君子"吸的毒品都来自于他。胖子是广东人，刘颉的货大都是从他那里进的。

刘颉，25岁，本地人，中专毕业后曾做过饭店门童、导游，1999年开始贩毒。

贩毒分子中有许多人是吸食毒品后不能自拔才走上贩毒这条道的，可是刘颉不同，在贩毒之前，他从未吸食过毒品，跟毒品打了两三年交道，他从不沾它。他说："我之所以贩毒，是因为它来钱多，来钱快。"

市中级人民法院以贩毒罪一审判处刘颉死刑。

虽自知犯了死罪，刘颉仍抱着一线希望提出了上诉。当生命开始倒计时，当这个多姿多彩的世界就要在眼前关闭时，他给相恋了几年的女友写下了一封长信：

我之所以有今天，是钱害了我，是那个想当有钱人的白日梦害了我。如果不是阿惠，也许我不会贩毒，可是迟早会栽在钱上，因为我一直认为钱是世界上最好的东西，只要能得到它可以不择手段。这是童年时，我从父亲那里得到的全部教育。

父亲给我上的第一课是"拾金不昧是傻瓜"。

他给我上这一课的时候，我只有7岁。一天，在放学回家的路上，我远远看见从一辆自行车的后架上掉下来一个东西，便好奇地跑过去，见是一个公文包。这时，那辆自行车已经走远了。

我打开公文包，发现里面有一个存折，还有一摞钱和各种证件。当时心里很矛盾，看看前后左右，并没有人看见我捡到这个公文包，我可以神不知鬼不觉地将它拿走，可是这时我耳边响起了老师的声音：捡到东西应该交给失主，要做一个拾金不昧的好孩子。我还想起了在幼儿园时就学过的儿歌："我在马路边捡到一分钱，把它交到人民警察手里边……"

我犹豫了一会儿。最后，我还是决定做一个拾金不昧的好孩子。我想，那个丢了公文包的人一定会沿着原路往回寻找，于是就站在路边等着。

大约过了半个小时，一个30多岁的男人满脸焦急地骑着自行车过来了。见我站在路边，他从车上跳下来问："小朋友，你见到有人捡包吗？"

我从身后拿出公文包说："是这个吗？"

他惊喜地说："对对对，就是它。"

他接过公文包，亲切地摸着我的头问我是哪个学校的，叫什么名字，说他明天一定会到学校去跟老师讲这件事，让老师好好表扬我。

回到家，一进门就碰见了父亲，他不高兴地问："怎么这么晚才回来？"我又兴奋又激动地将在路上发生的事细细向他描述了一遍，心想，爸爸一定会表扬我。

没想到，他听完后狠狠给了我一巴掌并破口大骂说："你他妈的真是个傻瓜，捡到东西还傻等着要交给别人，就是交也不能白给呀。"

我委屈地说："老师说了，捡到东西要交给失主，要拾金不昧。"

父亲冷笑着说："傻瓜才拾金不昧，你们老师就会说大话，说假话，要是你将捡到的东西交给他，他肯定拿回家去了。"

父亲的话让我很困惑很迷茫，我不知道自己做得到底对不对，他说的为什么跟老师说的不一样？我到底该听谁的？

第二天，我有点激动地等待着老师的表扬，等待着大家赞扬的掌声，可是一直到下午放学老师都没提起过这件事，我知道那个叔叔骗了我，他并没有到学校来跟老师讲我拾金不昧的事。我做的好事没人知道，我没有得到我希望得到的表扬。我很失望，也很失落。

父亲给我上的第二课是"助人为乐是笨蛋"。

三年级下学期刚开学不久，我们班有个同学得了重病，他家很困难拿不出钱给他治病，老师在班上讲了这件事，希望大家给他献爱心。那个同学平时跟我关系很好，我很想帮帮他。我将没花完的180元压岁钱全捐出来了。我成为班上捐款最多的人，老师表扬了我，还在教室宣传栏里宣传了这件事。

我怕父亲骂我，没跟他讲这件事。可是不久后学校开家长会，父亲知道了我捐钱的事。回来后，他揪着我的耳朵骂我说："表扬值个屁，几句好话就哄得你乖乖地将自己的钱送给别人，你不是个笨蛋就是猪脑子。"

为了以示惩罚，他扣掉了我那个月的零花钱。

在童年时期，我一直处在两种教育的拉扯中，遇到一些事情常常感到很矛盾，不知道怎么做才是对的。父亲是一个将钱看得很重的人，爷爷去世时，为了得到爷爷的那笔抚恤金，父亲和大伯打得不可开交，两人从此断了往来。

我不知道自己是不是继承了父亲的某些基因，我也是一个将钱看得很重的人，为了钱，我会铤而走险，所以走到今天这一步也许是必然的。

走上贩毒的黑道后，虽然我一直抱着侥幸的心理，可是天作孽可谅，人作孽不可饶，我知道自己迟早会有这一天。

我现在真的非常后悔，可是后悔已经没有用了！如果现在给我改过自新的机会，我一定找一份正当的职业，踏踏实实地工作，老老实实地做人。虽说人生自古谁无死，但生老病死是很正常的，谁愿意这样死呢！我心里的害怕，没有走到这一步的人，是无法体会到的。

我现在太留恋人世了，还有许多幸福没有品尝过。我现在是等死的人，才知道生活的美好。常说宁愿轰轰烈烈过一时，不愿平平淡淡过一生。我现在死到临头，才明白平平淡淡过一生的价值。人啊，总是在失去的时候，才能领悟到曾经拥有的自由和幸福……

几天后，法官在看守所向刘颉宣读了死刑复核裁定书。刘颉的生命画上了句号。

　　刘颉从一个拾金不昧的少年堕落成毒枭，固然有社会环境的原因，但当年父亲给他上的人生第一课却有着最重要的影响，它覆盖了刘颉刚从老师那里接受到的什么是美、什么是高尚的启蒙教育，它使一棵本可以健康茁壮成长的幼苗从此失去了阳光的照耀。

若有所思：

　　孩子的心灵是一张白纸，父母是在这张白纸上画画的第一个画家，画出的是天使还是魔鬼，全在于父母如何运笔。同时，父母又是孩子人生路上最重要的启蒙老师，当孩子睁着一双无邪的眼睛观察这个世界时，父母的品格也许就决定了孩子的品格。

为什么总是我的错

　　一天，父亲拿回两张电影票，让我和弟弟去看电影。就在我们准备出门时，母亲突然发现放在桌上的10块钱不见了。

　　她厉声问我："是你拿了吗？"

　　我压根儿就没看到桌上的钱，我告诉她我没拿。可是母亲不相信，硬是认定钱是被我拿走的，她说："不是你，还会是谁？你今天要是不承认，就别去看电影！"

　　"我没拿，我根本就没看到桌上的钱。"我争辩说。

　　母亲指着我的鼻子说："你看看，拿了钱还嘴硬不承认，不承认你就在家待着别去了。"

　　时间一分一秒地过去，电影眼看就要开始了，弟弟已经穿戴整齐，正往口袋里装着饼干，我想，我如果不承认，电影肯定看不成，可是我特别想看那场电影。在最后一刻我终于坚持不住，我违心地承认自己拿了钱……

一位女孩投书报社，讲述了自己儿时的一段心路历程。

如果用社会惯用的价值标准来看，如今的她无疑是一位成功者：大学毕业，在北京有一份收入不薄的工作。可是儿时所经历的一切，像一道永远无法消失的伤痕在她心里裸露着，她说她一直逃脱不了在这道伤痕上行走的惯性，这种惯性像一道咒语控制着她的思想，她的性格，她的命运。

昨晚我又做梦了，梦里，母亲又一次责备我。一件原本不是我做的错事，母亲一定要我承认是我做的，任我如何解释都无用。我又气又怒，委屈得大哭起来。这么些年里，不知为什么，类似的梦总是不断重复着出现。每一次，我都会一脸泪水地从梦中惊醒。

母亲出身贫寒，初中毕业后，她没能如愿读高中而是进了不收学费又有补助的中专，学习当时很让人羡慕的机械制造专业。可是大学梦一直深植于母亲心中，所以，她嫁给了父亲，一个工农兵大学生。这可能是母亲爱上父亲的重要原因。父亲温和、内敛，没有母亲的争强好胜。所以，在后来，当工农兵大学生不再吃香时，母亲就开始抱怨随遇而安的父亲不求上进。母亲凭借自己的努力成为单位技术处为数不多的中专毕业生之一。尽管如此，母亲还是觉得自己吃了没学历的亏，而且，她认定自己如果是一个男人，肯定比父亲有出息。毕竟，机械制造不是一个适合女人的职业。

父母的关系还算不错，父亲处处让着母亲，但也不把母亲出人头地之类的要求放在心上。家里的事情基本上是母亲说了算，在我和弟弟相继出生后，母亲便将自己的心高气傲转嫁到我和弟弟身上，也将她没能圆的大学梦寄托在我们身上。

从小我就知道，母亲的话必须听，母亲的要求必须达到。但是我一直不能明白，母亲为什么处处偏袒弟弟，只要我和弟弟有什么争吵，挨骂甚至挨打的总是我。一旦发生什么事情，母亲问都不问，就认定是我的错。

在父母身边的18年里，这样的事不知发生了多少回，而让我刻骨铭心不能忘的是上小学时发生的一件事。

一天，父亲拿回两张电影票，让我和弟弟去看电影。就在我们准备出门时，母亲突然发现放在桌上的10块钱不见了。

她厉声问我："是你拿了吗？"

我压根儿就没看到桌上的钱，我告诉她没拿。可是母亲不相信，硬是认定钱是被我拿走的，她说："不是你，还会是谁？你今天要是不承认，就别去看电影！"

我委屈地争辩说："我真的没拿，我根本就没看到桌上的钱。"

母亲指着我的鼻子说："拿了钱你还嘴硬，不承认你就别去。"

这时，父亲过来跟我说："只要你承认，爸妈不怪你。"

天哪，居然所有人都认定是我拿了钱！我愣愣地站着，看着父母确信无疑的表情，不知道自己该怎么做。时间一分一秒地过去，电影眼看就要开始了，弟弟已经穿戴整齐，正往口袋里装着饼干。我想，我如果不承认，电影肯定看不成，可是我特别想看那场电影。在最后一刻我终于坚持不住，违心地承认自己拿了钱。

在母亲刺得人背脊发凉的目光下，我低头出了门。那天晚上虽然看上了电影，但坐在电影院里我有一种想哭的感觉，为了看这场电影，我不得不违心地承认自己偷了钱，那种感觉真的很委屈、很悲哀。

电影看完后，我和弟弟回到家里，母亲一边继续训斥我，一边铺床准备睡觉，就在拉动枕头时，她在枕头下面发现了丢失的钱。

听说钱找到了，我再也忍受不住委屈，一下子大哭起来。

父亲见状，一边安慰我，一边跟母亲说："你看，是你弄错了吧。"

母亲瞪了父亲一眼，拉着弟弟洗脸去了，就像什么事儿也没发生过一样。她凭白无故诬陷我偷了钱，最后却连一句道歉的话也不说。

母亲总是这样带有偏见，认定所有的错事都是我做的。

这事过去没多久，又发生了一件事。

有一天，院里来了收废品的，母亲将家里一些无用的东西拿去卖了。弟弟见那些破破烂烂的东西能卖钱，心动了。第二天，那人又到院子里来吆喝着收废品。当时母亲出去了，只有我和弟弟在家。弟弟东找西找地找了一堆东西，要抱出去卖。我在一边看着，没阻拦，心里暗暗有点幸灾乐祸，我知道，他要卖的那些东西里有不少是有用的，弟弟这回肯定要闯祸。

果然，母亲回来后发现家里少了东西，找我和弟弟责问，弟弟一看闯了祸，赶紧跟母亲说："我看见了，那些东西都被姐姐拿出去卖了。"

母亲一听暴跳如雷，她指着我说："我就知道是你干的！"

我说不是我，那些东西是弟弟拿出去卖了。可是母亲不信，她认为我是在狡辩、是在栽赃，见我死活不承认，母亲怒不可遏地要将我赶出家门。当时，天已渐渐黑下来，想到在漆黑的夜里无家可归，我害怕极了，我用双手死死抓住门框哭得昏天黑地。

听到我的哭声，邻居一位阿姨赶过来，问清缘由后，她告诉母亲，她亲眼看见那些东西是我弟弟拿出去卖的。知道了实情，母亲只轻描淡写地跟弟弟说：以后不能这样。然后对满脸泪水的我说："你再哭，就滚出去。"

那天晚上，我一次次从噩梦中哭醒，梦里，母亲拿着大棒追在我后面要打我。我的哭声惊动了父亲，他走到床边问我为什么哭。我不愿说出那个噩梦，我说：牙齿疼。父亲信以为真，给我拿来了消炎药。他走后，我将那些药全部扔到了床底下。

从此，我时常做同样的梦，醒来就一个人哭，心里有什么事儿再也不愿跟父母说。

母亲一直念念不忘她的大学梦，她将所有的希望都寄托在我和弟弟身上。在我印象里，我很少得到母亲的赞扬，她总是嫌我不够好，达不到她的要求。她总是拿我和别人比，最常说的一句话就是：你看人家怎么怎么样！我很小就知道清华、北大、牛津、哈佛，当别的孩子还在数数时，我已经在母亲的指导下念着"负负得正，正负得负"的口诀，做算数题。

从读小学开始，母亲就要求我考第一。每天，除了完成作业，我还要做完母亲布置的50道数学题。看着别的孩子开心地玩耍，我开始憎恨母亲，恨那些数字。我发现，如果我坚决不做那些题，母亲肯定会责罚我，但是母亲关心的只是题目的最后结果正确与否，并不留意解题的过程。因为忙，她顾不上查看每一道题。

发现了她的疏忽后，我在书店找到了那本习题集，每天都去那里抄答案，然后简单地写两行解题过程，这样每天就能很快地完成母亲布置的作业，然后去和小朋友玩。

也就是在这样的投机取巧中，我学会了应对母亲。我从来不跟她说我的真实想法，我干的很多事她从来都不知道。我找各种借口放学不回家，甚至逃学，好在我的成绩好，家长会上总能得到老师表扬，这让母亲很满意。

小学毕业，我以绝对的高分考上了省重点中学。当年能考上省重点，就意味着一只脚已迈进了大学校门。母亲对我的管制有所放松，我有了相对自由。可是到了初二、初三开始有物理、化学课之后，我的考试成绩就不如原先那么好了。而且，母亲越是逼我，我越是逆反。我迷上了诗歌、小说，在物理课上写诗，在化学课上看小说。看着我日渐下降的考试名次，母亲大怒。不管是她发脾气，还是说好话，我都置若罔闻。终于有一天，母亲忍无可忍地撕了我辛苦写好的准备拿去参赛的作文。

她认为我参加作文比赛毫无用处，我的涂涂写写只是浪费时间，是故意跟她作对。在她看来，舞文弄墨根本就是不务正业，数理化才是实实在在的一技之长。我冷冷地看着母亲撕我的作文，一句话也不说。我越这样，母亲就越生气。她骂我，骂很难听的话。我冷漠地站在那里，仿佛一切都与我无关。其实，母亲骂我的那些话，每一句都被我记在了心里。

读高中的那几年，我将自己封闭在自己的世界里，跟家人几乎没有什么交流。母亲对我优异的文科成绩视而不见，我当然也不会告诉她我在全市作文大赛得奖之类的事。看着母亲将全部希望寄托在弟弟身上，我在心里跟自己说，我一定要考上名牌大学，给她看看。而且一定要远远地离开家，过自由自在的生活。

高中毕业时，我本有机会被保送读当地一所大学，但我毫不犹豫地拒绝了这个机会，因为我想远远地离开家，离开母亲的监视，离开她挑剔的、永远不满的目光。高中三年我学得很苦，当时，支撑着我的唯一信念，就是考上大学，离开这个家。

我如愿以偿地考上了北京一所重点大学。接到录取通知书时，母亲大吃一惊，她曾认定我考不上这所学校。

我热切地盼望着离家的日子，母亲却明显地焦虑起来。走的那天，在火车站，母亲居然哭了起来。瘦小的母亲站在人群里，车窗的玻璃将我们隔开，看着她伸手擦眼泪，我很想跳下车去安慰她，却愣愣地站着不敢动，因为我不知道该说些什么。很长时间以来，我已经不知道如何跟母亲交流。

好胜、要强的母亲终于将我和弟弟都送进了大学校园。每个假期回家，母亲都跟我说毕了业一定要回来工作。我知道母亲的这个要求并不过分，可心里总有隐约的不快——为什么从来就不问我想要什么样的生活？可是，我再也不会跟母亲理论了，而母亲也知道，她永远改变不了我的想法。

毕业后，我留在了北京，因为这里更适合我。我无法去跟母亲讲我的打算，我害怕她跟我说：长大了，翅膀硬了，管不了你了。

我曾经以为，离开家，离开母亲后，我就自由了，我就快乐了，我就能过自己想过的生活。其实不然，随着时间的推移，我越来越发现，虽然我开始了自己的生活，却仍然无法摆脱家庭曾经给予我的影响，这种影响已渗透进了我的人格、心理、性格，它甚至决定着我的行为方式，处事原则。我不能不说这是一种宿命，我的好强、倔强、不擅交流、内心深处的孤独，这都是生我养我的家所给予我的。它已经给我的灵魂打上了烙印。

失败的家庭教育结出的苦果并不只有"问题少年"、"劣迹青年"，还有一种苦果是心灵的，这种心灵的苦果看不见摸不着，它的苦汁却每时每刻都流动在血液里。

父母对孩子的伤害常常是不自觉、不自知的。也许不是打骂，却留下比打骂更深的烙印。心理学家认为，这种伤害，年龄越小烙印越深。就像俄罗斯玩具"套娃"，人们看到的是一个强大的外表，但他内心深处的自我，却还是小小的一个。如果孩子在幼年时期没有感受到父母的爱，不管他长大以后挣了多少钱，地位有多高，他都可能不喜欢自己，因为他无法获得自信。

对孩子们来说，父母的注意和赞赏是最令他们高兴的，如果你爱孩子，就适时赞赏他吧。

——（美）卡耐基

若有所思：

人的一生，很难摆脱家庭所带来的影响。一些心理学者甚至认为，一个人成年后的人格特征、处事方式、心理状态，都与童年的经历相关。家庭给人以温暖和关爱，但同时，家庭也能伤人。

一个人就是一个世界，每一个人都是世界上唯一的。学会欣赏你的孩子吧，因为生命之间是无法比较的。

是谁"杀"了"爱迪生"

一天，爸爸上班去了，将手表遗忘在客厅的茶几上。那是一块镀金的手表，是妈妈送给爸爸的生日礼物。我好奇地拿起来左瞧右瞧，发现里面有一根针在"嘀嘀哒哒"地走动着。它为什么会走动呢？它"肚子"里装的什么东西呢？我很想知道里面的奥秘。

我从柜子里抱出一个小工具箱，里面有锤子、扳手、改锥等工具，我不知道用什么工具才能将这块手表打开，拿扳手试了试，不行，又用改锥试了试，还是也不行。我拿起锤子敲了敲表壳，没想到表壳一下就裂开了，露出了表盘上的针，我很高兴，我很想将针拿下来，看它还会不会有那种"嘀嘀哒哒"的响声。整个上午，我都陶醉在拆表的快乐里。

中午爸爸下班回家，一眼就看到了摊开在茶几上被我拆得七零八落的手表，他气得脸色煞白，一把将我从沙发上拎起来重重地摔在地上，然后顺手抓起一根皮带，一边骂着"败家子"，一边狠狠地抽打我，我疼得哇哇大叫，抱着头在地上乱滚……

一位叫郜军的16岁少年，给"成长的烦恼"专栏的编辑写了一封长信。在这封长信里，他诉说了自己的烦恼。

下面是他的来信——

×××编辑：

在父母眼里我是一个乖孩子，我没有男孩子常有的顽皮和淘气，放学了，我会准时回家，从不在外面疯玩。回家后，我放下书包就做作业，完成老师布置的作业后，接着做父亲给我布置的练习，做完了这一切我才会去看会儿电视。然后按父母规定的时间上床睡觉。

在父母眼里，我是一个温顺的孩子，我很听他们的话，从不违抗他们的命令，即使心里有委屈，我也尽量不表露出来。

记得上小学四年级那年，父亲单位给他分了一套两居室的新房子，听到这个消息我高兴极了，我们一家三口一直挤住在一套不到20平方米的小屋里，虽然父母将房间一分为二地隔成了两个小间，但是我住的那个小间还兼做家里的客厅和饭厅。如果有客人来访，我就只好去父母房间待着。我梦寐以求自己有个单独的房间。

搬新居前，我一直在想着如何布置我的小房间，我想将房间的墙刷成奶黄色，我想给自己的房间设计一个新颖别致的书桌和小书柜，我还画出了草图，书桌的抽屉是由一个个格子组成的，可以分门别类地放东西。书架是活动的，还可以拆卸和拼装。我将自己的想法告诉给爸爸妈妈，他们听了不耐烦地说："你瞎操什么心啊，这些不用你管。"说着，他们看都没看就将我画的草图揉成一团扔进了垃圾桶。

我又伤心又委屈，房间是给我住的，为什么不能按照我的想法布置？但是我没敢说出来。这是我唯一的一次设计，它花了我几个晚上的时间。

在父母眼里，我的那些构思、设计根本就是胡闹，是小孩子的把戏，不值一提。那次受了打击后，我再也不愿多动脑子了。因为我得不到支持，得不到肯定，反而遭到嘲笑和训斥。我成了一个只埋头读书、没有好奇心、没有想像力、没有创造冲动的循规蹈矩的"乖孩子"。

我很刻苦（因为我没有别的爱好），但学习成绩平平，最差的一门课是物理。物理需要想像力，而我好像偏偏缺少的就是想像力，我不知道是自己天生愚笨，还是因为有其他什么原因，我的物理考试从没及格过，连老师都为我着急，还专门帮我单独补了一段时间课，可是效果并不明显。后来我自己也没信心了，也许我就不是学物理的料。

而且我还有一个毛病，对机械类的东西本能地反感，一接触到齿轮、轴、传动、力这些字眼，我的眼睛就会条件反射似地躲开，有时甚至会有恶心想呕吐的感觉。开始我没在意，后来这个毛病越来越严重了，我不但学物理时躲避这些字眼，而且学数学、几何时，碰到可以联想到这些字眼的概念、题目也有一种莫名的烦躁和恐惧。

一天，我从电视台一个谈话节目里知道，有一种病叫"强迫症"，我不知道自己是不是得了强迫症。这成了我一块心病，却又无法向人诉说。听说得强迫症的人都有发病的起因，有的人是因为受到了什么刺激，有的人是因为受到了伤害，而且这种刺激和伤害往往都发生在童年。

我仔细回忆自己的童年，我想找到这个毛病的病根，开始，我一无所获。我的童年虽说不是快乐的，但似乎过得很顺利，并没有发生什么让我很受刺激的事。

记忆的闸门是在一天下午被一个物件撞开的，那是戴在老师手腕上的一只镀金的手表。那天上课时，我无意间看见了戴在语文老师手上的手表，心里顿时激灵了一下，一件往事慢慢从记忆深处浮上来，渐渐清晰地出现在眼前。后来我才明白，这件事之所以一直没被我想起来，一是因为时间太久远，发生那件事的时候，我还只是一个3岁多的孩子；二是潜意识里，我也许一直在拒绝回忆起那件事，所以当我展开回忆时便本能地跳过了那件往事。

那件事发生在我3岁那年。对于一个3岁多的小男孩来说，眼前的一切都是新鲜的，神奇的。看汽车在街上跑来跑去，我会想，它为什么会跑呢，它吃什么呢？看电扇转动着送出阵阵凉风，我会想，它为什么会转呢？为什么转出来的是凉风而不是热风？按一下电视机的开关，里面就会出现图像，画面上的人不但能走能跑还会说话，是谁在指挥他们呢？总之，那个时候的我，脑子里有无数个为什么。

有时我会好奇地蹲在汽车旁边，想看它肚子饿了吃什么。有时我会好奇地拿手去触摸电视屏幕上的人，不知道他们是不是也有冷或者热的感觉。

我还发现，电扇之所以会转，电视之所以有画面有声音，是因为有一根神奇的线连着它。因为有一天我曾经实验过，我将电线开关拔了后，电视就全黑了。妈妈看见了，满脸惊慌地跑过来，她大声地呵斥我，打我的手，说动开关会死人的。那时我还不知道死是什么概念，但知道那一定很可怕，要不妈妈不会这么惊慌这么害怕。

但是我总按捺不住自己的好奇心。一天，爸爸上班去了，将手表遗忘在客厅的茶几上。那是一块镀金的手表，是妈妈送给爸爸的生日礼物。我好奇地拿起来左瞧右瞧，发现里面有一根针在"嘀嘀哒哒"地走动着。它为什么会走动呢？它"肚子"里装的是什么东西呢？我很想知道里面的奥秘。

我从柜子里抱出一个小工具箱，里面有锤子、扳手、改锥等工具，我不知道用什么工具才能将这块手表打开，拿扳手试了试，不行，又用改锥试了试，还是也不行。我拿起锤子敲了敲表壳，没想到表壳一下就裂开了，露出了表盘上的针，我很高兴，我想做一个试验：将针拿下来，看它还会不会有那种"嘀嘀哒哒"的响声。整个上午，我都陶醉在拆表的快乐里。

中午爸爸下班回家，一眼就看到了摊开在茶几上被我拆得七零八落的手表，他气得脸色煞白地冲过来，一把将我从沙发上拎起来重重地摔在地上，然后顺手抓起一根皮带，一边骂着"败家子"，一边狠狠地抽打我，我疼得哇哇大叫，抱着头在地上乱滚。他一直到打累了才罢手。

那时，我已疼得连哭的劲儿都没有了，我奄奄一息地趴在地上，背、手臂、臀部、腿像被按在火里烧一样地疼。爸爸扔下皮带声色俱厉地说："记住，以后再敢乱动东西，小心我砍断你的手。"

过了一会儿，妈妈回来了，见我遍体鳞伤，她惊呆了。得知我是因为拆表挨了打，她也开始责骂我，她一边给我身上涂紫药水一边告诫说："以后不要乱动家里的东西，再乱动，你爸爸会打死你的。"

那天晚上，我睡在床上无论侧身还是平躺，浑身上下都火辣辣地疼，一直到下半夜才好不容易睡着。迷迷糊糊中，我梦见父亲恶狠狠地拿着一根鞭子在背后追我，我拼命地跑啊跑啊，突然，发现自己已经跑到了悬崖边，再也无路可走了，脚下是黑乎乎的、看不到底的深渊。我吓得大汗淋淋地从噩梦中惊醒。

这个可怕的情景后来曾反复出现在我梦中，每一次我都吓得大喊大叫地从梦中惊醒。

那是我受到的最严厉的一次惩罚。我知道了惩罚的滋味，也知道了如果干了父母不高兴的事会受到怎样的惩罚。

后来发生的一件事，更深地加重了我的这种恐惧。

那时我已经上小学了，好像是上二年级。有天晚上我在灯下做作业时，台灯突然不亮了。妈妈过来看了看，说是灯泡坏了，她拿来一个新灯泡换上了，并随手将坏了的灯泡扔在垃圾桶里。我心想，灯泡刚才还好好的，怎么突然就不亮了呢？我一边做着作业，心里却一直在想着这个问题。做完作业，我悄悄在垃圾桶里找出了那只坏了的灯泡，我将它放在灯下仔细观察，发现是里面的钨丝断了。如果将断了的钨丝重新接上，这只灯泡还会不会亮呢？如果能亮，就不用买新灯泡了。

带着好奇和疑问，我拿着那只废灯泡左看右看，希望找到一个能打开灯泡的方法，结果一无所获。后来想出了一个办法，就是在灯泡表面打一个孔。记得有一次曾在电视里看过制作玻璃器皿的过程，在一定的温度下，玻璃会软化，在软化的玻璃上钻一个孔是可以做到的。我为自己的这个设想兴奋不已，恨不得马上就进行试验。

我沉醉在自己的设想里，丝毫没发现父亲进了房间。他见我没睡觉，手里把玩着那只废灯泡，很不高兴地说："一只废灯泡有什么好看的，快睡觉！"

我激动地举着那只灯泡。对他说："爸，我想了一个办法，说不定能把这个灯泡修好。"

"什么，你能修灯泡？别白日做梦了。"他将嘴角朝一边扯了扯，一副不相信的样子。

我兴奋地告诉他说："只要在灯泡上打个孔，将里面的钨丝重新接上就行，我已经想出了打孔的办法。"

爸爸的眉头拧成了一座山，他说："不要尽想一些不着边际的事好不好，把心思放到学习上，学习成绩好才是最重要的。"说着，他从我手里夺过那只废灯泡，重重地扔进了垃圾桶。我听见了玻璃碎裂的声音。

从那以后，我对家里的东西不敢碰不敢摸，我不敢有好奇，不敢问"为什么"，我成了一个循规蹈矩、听话的"乖孩子"。

当记忆之门被那只镀金的手表撞开后，我突然明白了我为什么会对机械类的东西本能地反感，为什么只要一接触到齿轮、轴、传动、力这些字眼，我的眼睛就会条件反射似的躲开，为什么只要碰到能联想起这些字眼的概念、题目，我就会有一种莫名的烦躁和恐惧。3岁那年的那次严厉的惩罚，已在我心里留下了永远也无法抚平的伤痛，表面看起来，这个伤痛似乎沉睡着，其实它无时无刻不在我的身上出现，只是我自己一直未意识到罢了。

我的循规蹈矩，畏缩不前；我思想的懒惰，想像力的贫乏；我的动手能力差这些显而易见的缺点，无一不是那个伤痛留下的阴影和后遗症。

父母对我一直寄托着很高的期望，他们希望我成才，希望我出人头地，可是他们却在无意间犯了一个很大的错误：当我很小的时候，当我对这个世界充满了好奇的时候，他们简单粗暴地关闭了几乎所有的通向这个世界的"窗户"，在不自觉中扼杀了我的好奇心。当一个人对周围的一切缺乏好奇心时，他怎么可能会有想像力？

跟同龄人相比，我常常觉得自己很笨、很没本事，并因此而自卑。我不知道自己今后将如何在社会立足。除了学习，我没有任何爱好和特长。对此，我父母并不以为然，拿他们的话说："素质有什么用，高考看的是分数不是你的素质。"

他们的话也许有一定的道理，但是我心里仍然很恐慌，因为我知道素质对于一个人未来的发展有多重要。这个道理我也是最近才明白的，越是明白这个道理我就越为自己的未来忧虑。

这种忧虑一直困扰着我，甚至影响到了我的学习成绩，我已经上高一了，我对自己的未来缺少信心，我不知道怎么办才好。

郜军的来信在"成长的烦恼"栏目登出后，在读者中引起很大反响，并由此引发了一场讨论，参与讨论的有学生，也有家长和老师。在那些讨论稿中，笔者印象深刻的是一位教师讲述的一个故事：

有一次，她在国外一所幼儿园参观时，看到一个孩子用绿色笔画了一个大大的圆东西。她问孩子："你画的是什么？"孩子回答："太阳。"

她正想纠正孩子的错误，告诉他太阳不是绿色的，太阳应该是金黄色的，孩子的老师走过来了，她看了一眼孩子的画，赞赏地说："嗯，不错，呵护孩子的好奇心，让他们自由地从事他们喜爱的活动。只有这样，才能最大限度地发挥他们的想像力和创造力，这种想像力和创造力将使他们享用终生。

画得好极了！"然后摸了摸孩子的头就走开了。

她百思不得其解，那孩子明明画错了，老师为什么不纠正他，反而肯定他，表扬他，这不是误人子弟吗？

事后她问那位老师："他用绿颜色画太阳，你怎么不纠正呢？"那位老师诧异地看了她一眼，说："我为什么要纠正他呢？也许那是孩子心里的太阳。"

孩子的创新求异难免伴随着幼稚和犯错误。这使得一部分成年人常常产生错觉，并会在言语上、行动上，不自觉地压抑甚至扼杀孩子创造的萌芽，对他们的异想天开或一笑置之或随意地加以嘲笑。其实孩子不断"犯错"的过程，就是不断改正错误、完善想像的过程，作为他们的家长或者老师，不应拿着剪子按照自己的判断标准去修剪，而应该多给孩子创造"犯错"的条件和机会，当他们的好奇心和想像力冒出来后，要及时浇水、上肥、给足阳光，让它茁壮成长。

儿童心理学专家指出：凡是因好奇心而受到奖励的孩子，都愿意继续进行某种试验和探索，这既有助于培养孩子的创造性思维能力，又能增强孩子的自信心。

因为，创造往往萌发于对某一事件或现象的好奇。对于孩子来说，好奇既是天性，也是一种十分可贵的心理素质。因为好奇，孩子就会有探索周围事物的兴趣，并在探索活动中丰富和积累知识经验，发展创造性思维能力。

> 好奇是儿童的原始本性，感知会使儿童心灵升华，为其为了探究事物藏下本源。
>
> ——（美）斯奇卡列

我的影子不见了

　　在我5岁的时候，有一天，父亲拿出一张我的照片放在桌上，让我将照片上的我画下来。

　　我一边看着照片一边认真地画起来，照片上的我，眼睛眯成了一条缝，那是太阳光照的，我将眼睛画大了，还加了双眼皮。照片上的我，掉了两颗门牙，我将门牙补上去了。画完后，我左看右看，觉得缺少了什么，想了想，又在"我"的旁边加了一团淡淡的黑色。

　　画完后，我将画送给父亲看，他指着被我修改的"眼睛"和"牙齿"说："谁叫你画成这个样子的？这像你吗？"然后他又指着那团黑色说："这是什么乱七八糟的东西？"

　　"那是我的影子，"我回答说。

　　"我让你照这个照片上画，谁让你画影子了？"父亲满脸恼怒地扬起手便给了我一巴掌，然后又逼着我拿涂改液把"我的影子"抹掉。

这一天对于老董一家来说，是一段混乱的、难熬的日子。

儿子董亮报考中央美术学院两次落榜，今年准备第三次参加高考。可是2月底，眼看就要参加专业考试了，董亮突然留下一封信出走了。

早晨起来，老董像往常那样去儿子房间喊他起床，发现儿子不见了，床上的被子叠得整整齐齐的，显然没睡过。桌上堆积如山的书和复习资料也不见了，只有一些废弃的纸张。老董的脑袋像挨了一棍，一片空白。他呆呆地站在儿子房间里，一时间不明白到底发生了什么事。

妻子准备好了早点，见父子俩迟迟未从房间出来，心里纳闷，便也走了进来。看到眼前的一切，她的脸霎时变得惨白，她嗓音颤抖地问丈夫："亮亮呢，亮亮哪去了？"

他们在桌上发现了儿子留给他们的信——

爸、妈：

我知道你们望子成龙的心情，可是我对自己报考中央美术学院确实没有信心。去年我就跟你们商量，想改报普通院校，可你们不同意，非逼着我去报考美院，结果还是失败了，还是失败在专业课上。

爸爸不服气，总认为是考专业课的老师没眼光，可是我自己明白，虽然我有较为娴熟的绘画技巧，可是我笔下的画缺少灵气，构思是呆板的，线条也是呆板的，我不是失败在技巧上，而是失败在想像力和创造力上。

而最要命的是，我发现自己越来越不喜欢画画，一个人如果对自己正在做的事缺乏兴趣，他就不可能做好，就不可能做得很出色。与其他专业相比，画画更需要想像力，可是我觉得自己的想像力似乎早就枯竭了，每次拿起画笔，我没有激情，没有创作的冲动，只是迫于压力才机械地在纸上涂涂画画。

我知道爸爸对我寄托很大希望，我也知道，没有能成为画家是你终身的遗憾，正是因为这种遗憾，你希望我能实现你的理想。记得在我很小的时候，你就将我带到中央美术学院参观，你告诉我，那是你经常梦见的地方，你希望将来有一天我能成为这所大学的一名学生。

考中央美院，做一名出色的画家，成了我童年、少年时的梦想。

第一次考美院我是尽了力的，却没想到在专业考试复试时被刷下来。其实被刷下来后我就有了打退堂鼓的想法，因为我发现，在强手如林的考生中，我想取胜是很难的，而且我不愿再复读一年，不愿再忍受备考的煎熬。所以当得知专业考试没通过时，我就萌发了当年考其他普通院校的想法，其实从内心来说，我最喜欢学的专业并不是绘画，而是法律。我想当法官的梦想远远超过了想当画家。

可是，望着爸爸痛惜的、期待的目光，我不敢说出自己的想法，我不忍心打破你们的梦想。

为了圆你们的梦而不是我的梦，我不得不硬着头皮走进复读生的行列。我一边去复读班听课，一边去你们为我请的老师那里接受专业辅导。一课时辅导费150元，每周上3课时就是450元，这对于我们这个工薪家庭来说是一个沉重的负担。你们越是不管一切地期待我成功，我心里的压力就越大。我害怕失败，我害怕辜负了你们的期望。

带着这种沉重的压力，我第二次走进考场。可是命运并没有关照我，在专业复试时我又一次败下阵来。

第二次失败，几乎彻底摧毁了我学习绘画专业的自信，也是从那时起，我开始重新审视自己、分析自己，我看到了自己学这个专业的先天不足，原因正如我前面所说的，我缺少学习这个专业所特别需要的想像力，我缺少创作激情和冲动。

我的第二次失败对你们的打击很大，得到我专业课未被通过的消息，爸爸一夜未合眼，一个人坐在客厅的沙发上闷头抽了一晚上烟。早上起来，看着爸爸熬得通红的眼睛，我鼓起勇气说出了想报考其他普通院校的想法，爸爸听了暴跳如雷，说："那你不如拿刀把我杀了！"

爸爸的话让我很绝望，很无奈，我不得不放弃自己的想法，再一次走进复读的行列。

可是你们知道我内心的压力和痛苦吗？你们为什么一定要逼着我在一条道上走到黑呢？如果今年再考不上怎么办？我还考下去吗？最后即使考上了，我也许会像那个白了头才中举的范进一样疯掉！

随着专业考试的临近，我内心的恐惧与日俱增，过去爸爸常对我说："跌倒了，爬起来！"可是两次跌倒，已让我彻底丧失了信心，我再也没有爬起来的力量和勇气了。

我决定不去考中央美院，我想学法律，其实我早已开始在做这方面的准备。我不敢当面告诉你们我的决定，我知道这个决定对爸爸来说太残忍，我的放弃就等于毁了他的希望和理想。

所以，我想暂时离开你们一段时间，找一个地方潜心复习。你们不要着急，也不要找我，过一段时间我会回来的。

请你们原谅我的不辞而别。

儿子亮亮

我看到董亮这封信时，已是3个月后。因为做一个有关高三家长的采访，我认识了老董。

谈起儿子的出走，老董几次哽咽失声：

"看了儿子的信，我的头一下就大了，他妈妈急得嚎啕大哭。当时顾不得想太多，我赶快往亲戚朋友那里打电话，又给儿子的同学打电话，他们都说没见到亮亮，也不知他去了哪里。后来我想，既然儿子让我们不要找他，不让我们知道他在哪里，找也没用。他说想参加7月份的高考，高考之前他也许会回来。我只能这样安慰自己。

"儿子的出走确实对我打击很大，那个月我体重一下减了10多斤。我一直希望儿子考中央美院，虽然连续两年失败了，但我相信他能考上，这种信念一直支持着我。我从小就梦想当一个像齐白石、徐悲鸿那样的画家，可是刚进初中就遇上'文化大革命'，15岁便去黑龙江插队，在那里一呆就是8年。1978年，我参加高考，被某师范学校美术专业录取，毕业后分到小学当美术教师。我一直希望儿子能实现我没有能实现的梦想。

"他一岁多时，我就开始教他学画画。应该说，他的基本功是没问题的，问题可能就出在兴趣上。小时候，他很喜欢画画，画完一张画，就自己贴在墙上，结果他房间的墙上贴满了他画的画。他7岁时，参加全市儿童书画比赛就拿了一等奖，他的那幅作品后来还被一家儿童杂志作了封面。

"他现在放弃学了多年的专业确实很可惜，可是我已经没有办法说服他了，只好由他去了。"老董告诉我，儿子已经回家了，正在家中紧张备考。

见到董亮是在高考结束后，当时，一家人正如坐针毡地等着分数下来。

董亮自我感觉考得一般，但他说即使只够大专线，他也不准备再复读了。

谈起离家出走，董亮说那是迫不得已作出的决定。他说："如果我不离家出走，我爸决不会同意我放弃考中央美院。"

董亮告诉我，离开家后他并没有走远，而是在离家不远的地方租了一间小平房，走时，他身上带了2000多元钱，是爷爷奶奶和亲戚们给的压岁钱。他说离家出走的念头其实春节前就有了，到了2月底他觉得再不走就走不了，因为专业考试前，爸爸准备将他送到一位老师那里上强化辅导班。

"放弃报考中央美院仅仅是因为对自己没信心吗？"我问。

"也不完全是，只要我坚持考下去，也许有一天能考进去，其实最重要的原因是我觉得自己越画越没灵气，越画越没感觉，这才是最可怕的，即使考进了中央美院，我觉得自己在专业方面也不会做出什么成就。"

"听说你的画曾经得过奖？"

董亮苦笑了一下说："那是很久以前的事了，后来就不行了。"

"为什么？"

"我觉得跟我爸的教育方法有关。小的时候我觉得画画很快乐，心里怎么想的就怎么画，随心所欲。后来长大了，一切都得按他规定的画，他对我要求很严格，不允许我有自己的想法，线条、颜色、构图都要严格按照他教的去做。如果违反了，就得受惩罚。记得小时候，我爸经常教训我的一句话是：'怎么了，你小子还没走稳就想跑！'然后我的小手就得挨打。"

董亮说他对父亲的感情很复杂，有敬畏、惧怕，也有怜悯。因为父亲在他的身上几乎倾注了自己的全部心血。

我什么时候开始学画画已经记不清了，后来听妈妈说，我一岁多时，就已经能握着笔在纸上画圆圈了。后来长大一点，爸爸就将苹果放在我面前，让我画苹果，再后来又在我面前摆放一朵花，让我画花。爸爸要求我一丝不苟，一个苹果、一朵花往往要画上几百遍，直到画得像了，才允许我画别的。

我5岁的时候，父亲开始教我画人物。我画的第一个人物是我自己。那天，父亲拿出一张我的照片放在桌上，让我将照片上的我画下来。那张照片是在动物园门口拍摄的，我站在阳光下咧着嘴笑得很开心。

我一边看着照片一边认真地画起来，照片上的我，眼睛眯成了一条缝，那是太阳光照的，我觉得小眼睛太难看，便将眼睛画大了，还加了双眼皮。照片上的我，掉了两颗门牙，我又将门牙补上去了。画完后，我左看右看觉得缺了点什么，缺什么呢？我想了想，终于想起来了，那天照相时，我看见地上有我的影子，可是照片上却没有。于是，我又在"我"的旁边加了一团淡淡的黑色。

画完后，我将画送给父亲看，他指着被我修改的"眼睛"和"牙齿"说："谁叫你画成这个样子的？这像你吗？"然后他又指着那团黑色问："这是什么乱七八糟的东西？"

"那是我的影子。"我回答说。

"谁叫你画影子的，你没看见照片上没有影子吗？"

"那天太阳太大了，将影子照得看不见了，我当时看见身后有影子。"我争辩说。

"我让你照这个照片上画，谁让你画影子了？"父亲满脸恼怒地扬起手便给了我一巴掌，然后又逼着我拿涂改液把"我的影子"抹掉了。

我画的"我"，只是对照片上"我"的拷贝，没有跃动的生命，没有生机，没有活力。

小时候，因为随心所欲，胡乱涂鸦，我没少挨打。

记得还有一次，爸爸给我布置作业，让我画一只鸭梨。我画着画着，脑子里一下来了灵感，我决定画一只会说话的梨。我在鸭梨的"肚子"上画了一张嘴，红的嘴唇，白的牙齿，并在旁边写了一行字：你想吃我，我就先吃掉你！

过了一会儿，爸爸来检查我的作业，发现我没按他的要求画，非常生气，他撕碎了那张画，并命令我必须在那天下午画出10张梨，否则不允许我吃饭。

一次比一次严厉的惩罚，使我变乖了，变老实了，我再不敢越雷池一步。我拘泥于面前的实物，拘泥于一些现存的景象，我想像的翅膀再也张不开了，飞不起来了。画画对我来说，已不再是一件让我快乐的事，而是一件不得已而为之的事，有时甚至是一种痛苦。

董亮的这番话，让我思考良久。他的父亲不能说不爱儿子，他节衣缩食、倾注全部身心地要将儿子培养成才，可是他却没有意识到，成才的一个基本前提就是能自由地想像，自由地创造，如果将鸟的翅膀捆绑起来，它还能飞吗？被缚翅膀的鸟只会是一只呆鸟，一只死鸟！

我曾听说过这样一个故事：

一堂小学美术课上，一位老师教孩子们画苹果，教完了画苹果的技巧后，他将一个又红又大的苹果摆放在讲台上。孩子们认真地按照他的要求画着。这时，老师走到一个孩子跟前，发现他画的苹果是方的，便耐心地询问他说："苹果都是圆形的，你为什么画成方形的呢？"

孩子抬起头天真地回答说："我在家里看见爸爸把苹果放在桌子上，不小心，苹果滚到地上摔坏了，我想，如果苹果是方的，它就不会滚下来，就不会摔坏，那该多好呀！"

老师摸了摸他的头鼓励说："你真会动脑筋，祝你早日培育出方苹果。"

若有所思：

这位可敬的老师像呵护自己的眼睛一样呵护着孩子的想像力，因为他知道，想像力既是创造的源泉，也是发明的源泉。它是人世间最为宝贵的一种能力，这种能力是一种智慧，它不同于知识，知识只能看到一块石头就是一块石头，一粒沙子就是一粒沙子，智慧却能在一块石头里看到风景，在一粒沙子里发现灵魂。

> 最好要尊重儿童，不要急于对他作出或好或坏的评判。
>
> ——（法）卢梭

最好有多好

那是我上学后的第一次考试。那时，我还不知道什么是紧张，什么是恐惧，也从未想过考得不好会怎么样。

第二天，老师将改好的试卷发下来，我语文得了99分，数学得了99分。语文被扣了一分是因为写错了一个标点符号，数学被扣一分是因为掉了一个等号。虽然没有得到"双百"心里有点遗憾，但总成绩在班上排第三名仍然让我很高兴。

我高高兴兴地回到家，将试卷交给妈妈。没想到她看了试卷一下就火了，劈头盖脸就给了我几巴掌，边打边骂我说："你做完了为什么不认真检查？为什么这么马马虎虎？你看看你这分是怎么扣的，这么容易的题目都拿不了满分，你是怎么考试的？"

我一边哭一边委屈地说："我在班上是第三名，好多同学都比我分低。"

"好多同学比你分低，你就很光荣？第三名算什么，人家能考100分，能考第一名，你为什么不能？你是比人家笨还是比人家傻？你真是让我失望……"

原以为考了第三名，妈妈会表扬我，没想到却挨了一顿打骂，我的情绪一下跌到了谷底，再也高兴不起来了。

一天深夜，天气燥热，住在某建筑公司宿舍楼的老张，正坐在阳台的靠椅上有一下没一下地摇着扇子，突然，一团白色的东西凌空掉下来擦过阳台，接着传来一声沉重的闷响。他站起来往楼下张望，透过朦胧的月色，发现地上有一团白色的东西似乎在蠕动。

老张急忙往楼下跑去，来到跟前，发现地上躺着一个穿白色衣裙的女孩，再一看，大惊失色，这女孩不是别人，是住在6号楼的小馨。老张尖利的喊叫声划破了寂静的夜空，小馨的父母跌跌撞撞地冲下楼来。这时，小馨的身体已不再蠕动，月光照在她惨白的脸上，有一缕殷红的血从嘴里流出来。小馨的母亲一下瘫软在地上，她父亲抱起女儿连连呼唤，可是小馨再也听不见他的呼唤声了，她的身体在父亲的怀里渐渐变得冰凉。

小馨为什么要结束自己的生命？她才18岁，正在如花的年龄，她刚刚参加完高考，胜负并未揭晓！

公安人员来到现场，他们从小馨紧握的拳头里，发现了她的遗书：

爸爸、妈妈：

女儿对不起你们，我一直想做一个您们希望的最好、最优秀的孩子，可是却一次次让您们失望。这次高考我考得不太理想，我知道您们很生气、很失望。

这么多年来，我活得好累好累，为了做一个最好、最优秀的孩子，我拼命努力着，可是现在，我已经没有勇气和力量再往前走了。

女儿走了，不能孝顺您们，望您们自己多保重。

女儿小馨绝笔

小馨就读的是一所市属重点中学的重点班，据她老师讲，小馨的学习成绩在班上属中偏上，以她的水平考上一所重点大学应该没问题，但小馨给自己定的目标是清华大学，这对她来说有一定难度。所以高考前，小馨一直处在一种焦虑的状态中，高考前的第一次模拟考试考得不太好，为此，老师曾找她谈过话，让她注意调整心态，以平常心对待高考。

老师对小馨的评价是：心气高，很勤奋，很刻苦，也很敏感，非常在意别人的评价。

老师讲了一件事。高二下学期，全市进行了一次重点中学调考，班上考600分以上的只有5个同学，小馨考了598分，在班上排第七名，这个成绩应该来说还是不错的，可是小馨很不高兴，当时就趴在桌子上哭了。

老师还讲了一件事。高考前，学校来了一批保送生名额，班上推荐了两名同学，小馨听说没有她，情绪很低落。事后她跟同学讲，即使保送生有她，她也不一定去，因为那些学校都不是她理想中的学校。但是她很在意老师推不推荐她，老师没有推荐她，说明老师对她评价不高。

小馨死后，父母从她抽屉里找到了一个日记本。在日记里，人们看到了一个"乖孩子"、"好学生"复杂的内心世界，看到了在巨大的压力下一个灵魂痛苦的挣扎。

7月16日

今天，中考成绩终于出来了，我考了596分，估计进××中学应该没问题，心里悬着的一块石头终于落了地。后来打电话给朱老师，他说班上最高分是607分，我是第五名。

爸爸和妈妈对这个分数似乎不满意。当查分热线报出我的成绩时，爸爸轻轻地叹了一口气，妈妈皱着眉头说："怎么才考500多分？怎么样也得过600分呀！"

"××中学去年的录取分数线才572分，我这个分数肯定能录取。"我说。

妈妈听了更不高兴了，说："你的眼睛怎么总是往下看，为什么不往上看，去跟那些考600多分的人比比呢？老盯着最低录取分数线有什么出息，有本事就要争第一，就要争取最好……"

其实，爸爸和妈妈的反应在我预料之中，因为从小到大，他们几乎就没有对我满意过，我几乎就没有听到过他们的表扬，既使我在班上考了第一名，他们也会说："有什么好骄傲的，班上拿第一算什么，有本事就要拿学校第一，拿全市第一。"

在父母的评价体系里，我似乎永远都是一个失败者。这不但给了我巨大的压力，也让我心里充满惶惑，我不知道做到什么样子他们才会对我满意。

有时候，我真希望时光到流，让我回到幼年，回到无忧无虑的日子里去。记得上幼儿园的时候，我渴望长大，因为我很羡慕那些背着书包上学的哥哥姐姐们，总以为上学是一件很快乐的事。

上学后才知道，上学并不快乐。而且，因为上了学什么都改变了。爸爸妈妈不再像原来那样任我自由自在地玩耍，从上学的第一天起，他们就给我制定了严格的学习和作息时间。妈妈再也不带我去动物园看大熊猫了，也不再在晚上睡觉前将我搂在怀里给我讲故事，他们像变了一个人似的，不再和蔼可亲，总是一副很严厉的样子。

上学不但过早地结束了我的童年，而且从此后我有了无穷无尽的压力和烦恼。

第一次真切地感受到这种压力和烦恼，是一年级上学期期中考试。

那是我上学后的第一次考试。那时，我还不知道什么是紧张，什么是恐惧，也从未想过考得不好会怎么样。那时，我没有任何思想包袱，也没有任何心理压力，考试似乎只是一次平常的练习。虽然考试前，妈妈一再叮嘱我字要写端正，做题要细心，做完了要检查等等，但我仍没感觉到紧张，也没感觉到压力。我心情轻松地考完了期中考试。

第二天，老师将改好的试卷发下来，我语文得了99分，数学得了99分。语文被扣了一分是因为写错了一个标点符号，数学被扣一分是因为掉了一个等号。虽然没有得到"双百"心里有点遗憾，但总成绩在班上排第三名仍然让我很高兴。

我高高兴兴地回到家，将试卷交给妈妈。没想到她看了试卷一下就火了，劈头盖脸就给了我几巴掌，边打边骂我说："你做完了为什么不认真检查？为什么这么马马虎虎？你看看你这分是怎么扣的，这么容易的题目都拿不了满分，你是怎么考试的？"

我一边哭一边委屈地说："我在班上是第三名，好多同学都比我分低。"

"好多同学比你分低，你就很光荣？第三名算什么，人家能考100分，能考第一名，你为什么不能？你是比人家笨还是比人家傻？你真是让我失望……"妈妈用手指敲着我的脑袋气愤地说。

原以为考了第三名，妈妈会表扬我，没想到却挨了一顿打骂，我的情绪一下跌到了谷底，再也高兴不起来了。

晚上，爸爸回来后，妈妈将我只考了99分的事跟他说了，爸爸的脸色顿时变得凝重起来，他对我说："你要记住，考试就像体育比赛，要永远争第一，只有当第一才是最光荣的。"

他们的话让我明白，我永远只能争第一，永远只能做最好的那一个。

可是，最好有多好？我似乎永远都不能使他们满意。

1月5日

期末考试已一天天临近，今天，我在书桌上方的墙上贴上了给自己鼓劲的话：林小馨，加油！林小馨你是最好的！最棒的！

上次期中考试我只考了第六名，那是我的耻辱，我一定要在期末考试中冲到第一名。我一定要证明给大家看，我才是最好的、最棒的。

期中考试，金娜娜拿了第一名，看她趾高气扬的样子，心里真不是滋味。她早就将我当成了竞争对手，那天老师公布排名时，她故意回头看了我一眼，那眼神似乎在对我说：怎么样，甘拜下风吧！

我岂能甘拜下风输给她！我一定要考第一名，以此证明我的实力。

为了实现这一目标，我决定重新制定近期的学习时间和复习计划。

早上5点钟起床，复习一个小时英语，6点半钟去学校。

中午，吃完午饭后做10道数学题，5道物理题，5道化学题。

晚上，完成老师布置的作业后，再复习两个小时。

4月9日

为了在这次全市调考中考出好成绩，我尽了最大的努力，可是今天拿到成绩，我只考了598分，在班上只排了第七名，班上考600分以上的同学有5个。当老师宣布排名时，我又伤心又难过，泪水忍不住哗哗流下来。

我拼命想争第一，可命运却好像故意捉弄我，很少给我这个机会。是我努力不够，还是实力真的不如人？今天，我第一次怀疑起了自己的能力，也许，即使我再刻苦也拿不到第一，再努力也做不了最好。

晚上回家，我不敢将考试结果告诉爸爸妈妈，我不愿看到他们失望的眼神，更不愿再听他们重复了成百上千次的"争第一"的教导。

自进了初中，他们改变了对我的教育方法，如果没考出他们希望的好成绩，他们不再打我骂我，而是改成了面对面训话，有时一训就是两个小时。那些话一句一句就像一颗颗钉子早已钉进了我心里，敲进了我的骨髓。

今天晚上，等待我的又将是一个噩梦缠绕的长夜。

4月10日

自2月初进入第一轮复习以来，我夜里经常失眠，即使睡着了也不时被噩梦惊醒，不是梦见高考时忘了填答题卡，就是梦见坐在考场脑子一片空白什么都想不起来。

昨天晚上复习到12点才睡下，一躺到床上，脑子就开始想七想八的，折腾了大半个小时仍睡不着，只得拼命数数"一只羊，两只羊，三只羊……"不知数了多少只羊才迷迷糊糊睡着。一睡着就开始做梦，我梦见自己拿着高考准考证走进考场，可是在教室里找来找去竟找不到自己的座位，我正焦急万分的时候，高考铃声响了，监考老师拿着试卷走进了教室，我急得嚎啕大哭，一边哭一边说："完了，完了，我完了……"

醒来后，发现枕头被泪水打湿了一大块，睡衣汗津津、湿乎乎地贴在身上，过了好半天我才从梦境中清醒过来。

好不容易重新入睡，我又开始做梦，这次是梦见自己英语答题卡没填，整整丢了80多分，我心里充满了绝望，恨不得一头撞死。

高考一天天逼近，我心里的恐惧和担忧也在每日剧增。今年规定考前填志愿，如果志愿填高了没考好怎么办？但如果考得不错志愿填低了岂不可惜？我想报考清华大学，这是我从小就有的理想，也是爸爸和妈妈的理想，可是，我能实现这个理想吗？如果不能实现怎么办？？？

我真的很害怕。

小馨的最后一篇日记写于跳楼自杀的前一天：

今天一大早爸爸就听说网上登出了高考试卷的答案，他上网将答案全部下载下来让我自己估分。我心里又紧张又害怕，我不敢面对那个不知是凶还是吉的结果。

　　考完后，感觉一直不大好。正因为如此，我害怕对答案，但又不能不对。硬着头皮对完答案，心一下掉进了冰窖，总分只有590分左右。我第一志愿报的是清华，去年，清华大学在本市的录取分数线是620分。看来，我这次真的完了，清华肯定上不了。

　　爸爸妈妈听说估分只有590分左右，脸色很难看，忧心忡忡地说:要是第一志愿丢了，不知会掉到哪个坏学校，也许会一滑到底没学上。

　　我不愿看到这样的结果，我害怕看到这样的结果。

　　我现在真的很绝望……

　　一个年轻的生命就这样消失了，留给父母的是永远的伤痛和悔恨。

　　没有哪个父母不望子成龙，没有哪个父母不希望孩子出人头地，可是并不是每一个孩子都能成龙，并不是每一个孩子都能出人头地。如果孩子是一只喜欢飞翔的小鸟，何不就让他做只自由飞翔的小鸟;如果孩子是一只机敏顽皮的猴子，何不就让他做只快乐的猴子。其实，让孩子幸福快乐这才是最重要的。

> 　　不要只看到孩子的缺点，还应该关注他的每一点进步。
>
> ——(俄)米哈尔科夫

杀人的嘴

　　戴上一道杠的那天，我又兴奋又激动，放学铃刚响，我就迫不及待地背上书包冲出教室，一口气跑回家。我要将当上班干部的喜讯尽快告诉爸爸妈妈，尤其是爸爸，平时他老批评指责我，总认为我这也不行那也不行。听到这个消息，他一定会很高兴，一定会为我骄傲。

　　爸爸正在厨房做饭，我喜滋滋地指着手臂上的一道杠说："爸，我当上了小队委。"

　　他抬头看了我一眼，又看了看我手臂上的一道杠，嘴角朝下一撇说："不就是个小队委吗，有什么好炫耀的，有本事当个大队委给我看看。"

　　顿时，我就像一只泄了气的皮球。我耷拉着脑袋，闷闷不乐地回到自己房间。那个"一道杠"也在我眼里失去了光彩。

关琰进工读学校不到两个月，就成了全校几乎人人皆知的"名人"。

让关琰成为"名人"的是两件事。

开学不久，校学生会改选，初来乍到的关琰野心勃勃地想竞选校学生会主席。竞选之前，他别出心裁地起草了一份"竞选宣言"贴在校园宣传栏里。

此举在校园引起了轰动，并吸引了众多好奇的眼球。那几天，校园里议论最多的就是关琰的"竞选宣言"，有人甚至找到关琰所在的高一（2）班，想一睹关琰的风采。

那份引起轰动的"竞选宣言"是这样写的：

本人姓关名琰，属兔，因在原校打落同学两颗门牙，老师认为有辱校风，吾父认为孺子不可教，四面楚歌中，本人自愿投奔工读学校。本人虽不是老师认可的好学生、父母认可的好儿子，但除了"门牙事件"，并无大的劣迹。请各位投我一票，如果给我一个机会，我将会还给大家一个惊喜。

几天后，竞选在学校礼堂举行，参加投票的同学都是各班选上来的代表。学生会主席一共有3个竞选人，每人上台作3分钟演讲，然后投票，得票最高者当选。

关琰在台上的表现却让人大跌眼镜，也许是太紧张了，他的演讲结结巴巴，有点语无伦次。但是那份"竞选宣言"起到了先入为主的作用，仍有不少人投了他的票。

结果，竞争学生会主席落选的关琰，被选为校学生会宣传委员。

竞选校学生会主席这件事让许多人认识了关琰。

还有一件事是，他带人与邻校一群学生打了一场恶仗。

与工读学校相距不到200米是一所普通中学，平时两所学校学生少有往来。一日，工读学校两名学生趁老师不备，溜出校门到游戏机室玩游戏，因一件小事与也在那里玩游戏的普通中学的学生发生口角。争执中，普通中学学生不但仗着人多势众将工读学校两名学生狠揍了一顿，还骂工读学校的学生全是"渣滓"。

两名被打的同学回校后，将对方骂工读学校学生的话跟关琰讲了，关琰怒发冲冠，发誓要教训他们。

学校平时实行封闭管理，学生只在周末才可离校回家。关琰私下悄悄串连了几个同学，决定就在那个周末出这口恶气。

那天，他们打听到普通中学的那几个学生正在网吧上网，便冲进网巴叫板，那几个学生也不示弱，双方就在网吧门口开始了一场恶仗。网吧老板怕闹出人命赶紧打电话报警，等警察赶来，双方已各有数人"挂彩"，普通中学两个学生伤势较重，不但脸上开了花，有一个还被打断了两根肋骨。他们被警察带回派出所。

如果不是学校出面担保，如果不是父亲及时赶来多方疏通，关琰也许被送进了少管所。

关琰的校学生会宣传委员不能当了，学校还给了他处分。不到两个月，关琰经历了一次大起大落。拿他自己的话说，是从山顶一下摔到了谷底。

我就是在关琰正处在"谷底"时见到他的。他的情绪有点低落，他说他没想到事情会闹这么大，会有这样的结果，他最耿耿于怀的是校学生会宣传委员不能当了。我没想到关琰这么看重当学生会干部这件事，他似乎很在意别人对他的评价。在交谈中，他曾两次问我，像他这样受过处分的学生今后还能不能参加学生干部竞选。

但谈起聚众打架那件事，关琰却振振有词、毫无悔意："他们凭什么骂我们是'渣滓'，我认为我就不是'渣滓'，上工读学校的人并不都是'渣滓'，他们自以为有多么了不起，我就是要杀杀他们的威风……"

关琰是我采访的工读学校学生中一个很特殊的学生。如果不是"门牙事件"和这次聚众打架，他跟"问题少年"似乎相距甚远，他要求进步，希望得到别人的承认；他很敏感，非常在意别人对他的评价。这些都是我在别的工读学生身上很少看到的。

最让我吃惊的是，关琰告诉我，仅凭"门牙事件"他根本就不够进工读学校，是他自己要求来工读学校的，为此，他与父亲闹到了要脱离父子关系的地步。

而更让我吃惊的是，关琰说他之所以自己要求来工读学校是对父亲的报复，他要让父亲痛心和绝望。这个理由听起来是那么荒唐，可是，到底是什么原因促使他作出这个荒唐的决定呢？

从小到大，父亲似乎就没表扬过我，在他眼里，我似乎就是一堆垃圾，是一堆臭狗屎。他总是千方百计地打击我，嘲讽我，鄙视我，总是将我贬得一钱不值，什么"猪脑子"、"脑积水"、"白痴"、"呆瓜"，他最爱说的口头禅就是"不知我哪辈子造了孽，生出你这个不争气的东西，将祖宗八代的脸都给丢尽了"。

最令人气愤的是，即使我学习成绩有进步，即使我考得好，他也从没说过表扬我的话，他知道了只会说："有什么了不起的，谁谁谁的成绩就比你好，谁谁谁就比你有出息。"

刚上小学时，我非常想当少先队干部，因为当上少先队干部就可以戴几道杠，我觉得戴上那个白底红杠的牌牌很自豪很神气。可是一二年级的时候我学习成绩平平，每次选少先队干部都没有我。为了戴上几道杠，我决心好好学习。

我上课认真听讲，按时完成老师布置的作业，还经常抢着打扫教室卫生。三年级上学期，我被同学们选为少先队小队委，戴上了一道杠。

戴上一道杠的那天，我又兴奋又激动，放学铃一响，我就迫不及待地背上书包冲出教室，一口气跑回家。我要将当上少先队干部的喜讯尽快告诉爸爸妈妈，尤其是爸爸，平时他老批评指责我，总认为我这也不行那也不行。听到这个消息，他一定会很高兴，一定会为我骄傲。

爸爸正在厨房做饭，我喜滋滋地指着手臂上的一道杠说："爸，我当上了小队委。"

他抬头看了我一眼，又看了看我手臂上的一道杠，嘴角朝下一撇说："不就是个小队委吗，有什么好炫耀的，有本事当个大队委给我看看。"

顿时，我就像一只泄了气的皮球。我耷拉着脑袋，闷闷不乐地回到自己房间，"一道杠"在我眼里也一下失去了光彩。

这样的打击总在发生。打上小学，我数学成绩就一直不大好，但也不是很差，每次考试总徘徊在六七十分左右。

爸爸每次拿到成绩单总要大骂我一通："我看你就是个猪脑子，这么容易的题都做错了，还有脸吃饭！我要是你，撞墙死了算了……"

上初中后，为了证明我不是猪脑子，我暗暗在数学上下功夫，上课认真听讲，碰上不会做的题就向老师或同学请教，我还向同学借了一本数学训练题集，有空就做做那上面的题。

初二上学期期末考试，我数学破天荒地第一次考了80分，连老师都在班上表扬了我，说我有进步。

可是回到家里，父亲不但没表扬我，反而怀疑我的成绩，怀疑我抄袭了别人的答案。他指着数学卷子不相信地问："这些题都是你自己做出来的？你没抄别人的？"

我说："是我自己做的，没抄别人的。"

他继续用怀疑的眼光打量着我，显然不相信我说的是真的。

我很委屈，便对他说："你要是不相信，可以打电话去问老师。"

他还真的当着我的面马上拨通了数学老师的电话，我想他当时肯定已经认定了我是作弊，打电话只不过是"捉贼拿赃"罢了。

我听见他在问老师："关琰的成绩是不是抄来的？"

当时我就觉得血直往头上涌，心里又气愤又委屈：凭什么怀疑我的考试成绩，就因为原来没考过这么高的分吗？为什么总用老眼光看我，为什么看不到我的进步？

从老师那里证实我没作弊后，按理说他应该给我道歉，即使不道歉也该说几句鼓励的话吧，你猜他放下电话后说什么？

"凭你这猪脑子还能拿80分？一定是题目出得太容易了。"

如果他不是我爸，当时我真想冲上去狠狠地给他两拳或者将他掀翻在地上。

从小到大，他对我嘴里从来就吐不出好话，不是嘲讽就是挖苦。

可是他却不知道，每次他打击我、挖苦我的时候，每个字都像刀子一样在刺着我的心，我的心常常被他刺得鲜血淋淋，他让我觉得自己很傻、很笨、事事不如人，他让我变得自卑和自暴自弃，认为反正就这样了，即使再努力，也不会有人赏识我、肯定我。

他让我一直生活在失败感中，不但丧失了自信，也失去了自尊。他对我不是抱怨就是训斥，他从来就没对我满意过，在他眼里，我是一个给他丢尽了脸的，不争气的儿子……

我曾想离家出走，甚至想制造一个什么事件被关起来，那样就不用成天听父亲的唠叨和教训，不用看父亲那张永远挂着不满意的脸。那件"门牙事件"闹到几乎要被学校开除的地步，就有这种心理在推波助澜。

那件事发生在高一上学期开学不久。中考时，我没能考上重点中学而是进了一所普通中学，父亲因此成天唉声叹气，见了我总没好脸色。我的心情郁闷极了，脾气变得易暴易躁。在家里，我尽量压抑着不发作，可是到了学校，只要遇到一点火星子就控制不住地爆发了。

事情的起因其实微不足道。做课堂练习时，坐在他前面的一个同学向坐在我后面一个同学借橡皮，后面的同学扔橡皮时不小心将橡皮砸在我的后脑勺上，如果是往常，我可能就算了，可这次我站起来转身便狠狠给了对方面部一拳，当时血就从鼻子和嘴里流出来，两颗门牙掉在地上。我打红了眼，又朝那个同学狠狠踹了两脚。老师急忙赶过来制止，我一掌又将老师推倒。

我当时像疯了一样完全不计后果，只想痛痛快快打一架，是闻讯赶来的校保卫科的一名保安制服了我。

老师将我父亲喊到学校，告知学校的处理决定：我必须承担受伤同学的全部治疗费用和老师的检查费用（老师胸前出现了瘀紫），并付给受伤同学营养费1000元；我必须向老师和受伤同学当面道歉，并写一份检查，否则学校将对我作出留校察看处分。

我拒绝道歉，拒绝写检查。这样，学校对我的处分就不得不升级了。我不道歉不写检查还不算，还向父亲提出要去上工读学校。父亲气得暴跳如雷，骂我是"孽子"、是自甘堕落，说如果我去工读学校就不认我这个儿子。可是我铁了心要去工读学校，说如果不让我去，就离家出走。

从那以后，我不去上学，成天在外面闲逛，父亲担心我闯下更大的祸，最后只好让步，将我送进工读学校。

望子成龙的迫切心情，使不少父母走入误区，他们以为拿一些话刺激孩子，就会令孩子知耻而后勇。他们以为不拿一些话刺激孩子，孩子就不知道努力，或者有了点进步就会骄傲自满，忘乎所以。所以，他们对孩子吝啬鼓励的话、表扬的话，即使心里为孩子的每一点进步高兴，也不轻易表露出来。他们从不当面表示出对孩子的欣赏。一个从不被人欣赏的孩子，一定是自卑的。他们总是对孩子否定——否定——再否定。一个屡屡遭到否定的孩子，一定是缺少自信的。

每个人都希望得到肯定的评价，每个人都希望自己的价值得到承认，孩子也不例外，来自老师和父母的肯定、赞扬和鼓励不但会增强他们的自信，而且能促使他们更加努力地去追求新的成就。

如果一个孩子生活在批评之中，他就学会了谴责。如果一个孩子生活在讽刺之中，他就学会了害羞。如果一个孩子生活在敌意之中，他就学会了争斗。

一个一直生活在批评与指责中的孩子，眼里的世界一定是灰色的，灵魂一定是扭曲的。

> 教子十过，不如奖子一长；教过不改也徒伤情，奖长易功也且全恩。
>
> ——颜元

"傻子"冰儿

我刚一出生，父母就认定我是傻子。这是因为我生下来前在母亲肚子里曾经窒息了5分钟的缘故。

这件事我是在记事以后才从大人嘴里断断续续知道的。

听说那天母亲被送进产房时，医生就告诉她，孩子胎位不正，情况很危急。虽然他们采取了很多措施，可我就是赖在母亲肚子里不肯出来。后来羊水流干了，我在里面窒息得小脸青紫，过了几分钟后才被医生拖出母亲的子宫。

我的降生并没有给父母带来喜悦，相反，却在他们心里笼罩上了一层摆脱不掉的阴影，因为医生告诉他们，由于难产，窒息了5分钟，孩子有可能脑瘫，也有可能智残。这种预测，给了父母很大的打击。

因为出生时发生的这个意外，从我来到这个世界的第一天，我就被打上了"傻子"的烙印。从没有人怀疑过医生的话（其实医生只是预测，并没有断定我一定就是傻子），从没有人带我检查过智商，也从没有人真正了解和分析过我脑子是否真的有问题。无论是生活上还是学习上，父母从一开始就用看傻子的眼光看我，用对待傻子的那一套对待我。

我被父母（还有学校）培养成了"傻子"。

某年暑假，北京市教育科学研究院的王晓春和他的几位助手在河北石家庄办了一个名为"走进孩子的心灵"的夏令营。参加夏令营的大都是被家长认为有"问题"的孩子。

记者张静虹自始至终参加了这次夏令营。后来，她讲述了一个名叫冰儿的小女孩的故事。

夏令营开营的第一天，孩子们大包小包吵吵嚷嚷着涌进营地，一个高挑瘦弱而又怯怯的身影映入指导老师陆丽晨的眼帘。陆老师迎视她的眼睛，期盼会与一束友好、好奇的目光相遇。然而她看到的却是漠然和阴郁，她不禁为之一震。

见面会上，来自四面八方的孩子彼此好奇又略显拘谨。当大家在做自我介绍时，陆老师始终关注着那个身影，她苍白的小脸上，没有任何表情。陆老师从她难以连成语句的自我介绍中，知道她叫冰儿。

家长们要走了。陆老师看见冰儿母亲与之告别，她毫无反应，目光却游离于母亲之外的人群。忽然，她眼中闪过一丝喜悦，她看见了跟她母亲一起送她来参加夏令营的王阿姨。

事后陆老师知道，王阿姨是冰儿母亲的好朋友，冰儿曾在她家住过一段时间，冰儿说那是她最快乐的一段时光。

陆老师开始主动接近冰儿。

最初几天，冰儿用得最多的词是"我不知道"、"没感觉"、"我不想说"。语言简短，语调平淡。

陆老师问她："你记忆中最高兴的事是什么？"

她回答："没有。除了吵还是吵。"

"谁吵？"

"爸爸妈妈呗！"

"有没有感觉高兴的时候？"

"有。"

"什么时候？"

"爸爸妈妈走了以后。"

陆老师问起她小时候挨父亲打时的感觉，她说："不害怕，就是哭。我谁也不怕，我还敢打我们班男生呢。"

如果陆老师不发问，冰儿就静静地待着。在她身边，孩子们嬉闹着、追打着、交谈着，没有一个孩子邀她参加，她似乎也无意加入，不喜、不怒、不恐、不愁、不惊，仿佛是一位饱经风霜的垂暮的老人。

第二天晚上，与冰儿同寝室的女孩实在受不了她的冷漠，指着她大哭："她不说话，像块木头，我不跟她一屋！"冰儿居然不恼不怒，没有丝毫反应。

即使是智残儿童，喜怒哀惧4种基本情绪也是该具备的呀，冰儿的情感世界为什么会如此贫瘠呢？

小组活动时，陆老师带领大家玩"模仿秀"游戏。

陆老师做了一副扑克牌，每张牌上写一个表述情绪情感的词：高兴地大笑；手舞足蹈；委屈；哭；绝望；恐惧；惊奇；感动；焦急；喜欢；生气……陆老师要求小组的3个孩子每人每次抽一张牌，然后按照牌上的词表演。

冰儿抽到的第一张是"暴跳如雷"，她略带哭音地叫道："我不会做。"旁边的孩子自动给她降低难度说：你做"气急败坏"也行，"发怒"也行。她还是说"我不会"。但送她来的王阿姨讲过，冰儿有一次曾因为王阿姨偷看了她的作业，很不高兴地把卷子甩到王阿姨脸上，这说明她有愤怒的情绪。

第二张冰儿抽到的是"恐惧"。她又说"没有，我不会。"可是陆老师分明记得她说过小时候与一个小朋友在家玩，妈妈突然回来，把她吓哭了，以为是大老虎来了。

第三张抽到的是"惊奇"。大家等待她，鼓励她。十几分钟后，她终于表演了，头稍向左探出一点，眼睛朝左下方看去。如果不注意，根本看不出她在表演。

第四张抽到的是"哭"。只见她迅速把手放在眼睛上"呜呜"两声结束。这个动作如此熟练，也让陆老师觉得如此熟悉。夏令营开营以来，在陆老师的安排下，女孩子们主动关心冰儿，跟她逗笑、玩闹，她高兴了，跑到陆老师身边，也是这样的动作，拿着哭腔："她们欺负我！"脸上却写满笑意。

这说明，冰儿是有感情的，只是情绪体验少而浅淡，很难形成稳定而深刻的情感。并且，她只会用"哭"这一种方式来表达各种感情，她就像一只敏感的小蜗牛，在受到无数伤害后，本能地缩进壳里，再也不敢出来窥探世界。

可是冰儿只有12岁呀，她怎么会有如此的心态和神情？！

这天下午，陆老师要求孩子们每人画一幅画，画面上要有山、树、一条河、一条蛇。

别的孩子画的山有峰有谷，山坡山顶遍布青草绿树，一条河横贯画面，一条小蛇或顺水漂流或隐在草丛中。而冰儿呢？她画的山像一堵高墙，起伏很小，山顶几棵繁茂的树好像生长在山后那一边，看起来很遥远。山的这一边，没有一棵草、一棵树，山坡空旷而荒凉。两条大蛇蜿蜒着即将爬到山顶。画面的下半部分没有河，她自作主张地画了一所小房子，房子的门窗都小小的，房子外面是一圈双层篱笆墙，没有出口。围墙外面，正对房门的是一个用三条近乎直线的曲线表示的小水坑，水坑的左边，是一个比房子还高的不知在干什么的女孩，女孩左边是一只大大的头朝画外的兔子。

"有房子，就该有爸爸妈妈呀！"陆老师建议她把父母画上。她坚决不画。

透过画面，陆老师更真切地感觉到冰儿内心的荒凉、封闭、恐惧、迷茫……

在参加夏令营期间，冰儿写了两篇日记。陆老师在"观察记录"中这样评价冰儿的第一篇日记：

《我们的夏令营》开篇第一句话就紧紧抓住了我："如果有人说：你们的夏令营在哪儿，那里的景色美不美？我会说：我只回答你一个问题，后面的问题由你来看看。"这样开头看似平淡，却很有意味。

接下来一段她写道："那里有10天也看不完的景色，浓烟密林。上山可以望见远处的东西，下山则像打滑梯一样，使你快步如飞。那里的景色美不胜收……我喜欢我们的城市围绕在这座山里。"这一段用词准确，条理清楚。最后一段是这样的："这就是我们的夏令营居住的地方，在这里一边玩一边就学习了许多本领，这是在家中体会不到的一种自力更生的生活。"

第二篇日记更让人刮目相看：

"社会上的孩子是以后的接班人。而一部分人在家里爸妈说他打他，造成了孩子远离父母，父母就不好与孩子和好，孩子有什么话就不去跟爸妈说了。

"这样的话，孩子就觉得自己不行。在家里错位成一个仆人，在生活上是一个小皇帝。没有人百分之百肯定的话是：家长，从没打过孩子。而国外的爸爸妈妈能听完报告后（注：她的父母都曾听过家庭教育专家做的报告，并因此认识了王晓春老师，参加了这个夏令营），立即给孩子写信，告诉孩子：'我错了，我这样做不对。'为什么中国的爸妈就不改呢？不是他们不想改，但改不掉。有时爸妈发脾气是对的，是为我们好，我们知道，但是也不能发火发到极点，说起来就没完。他们嘴上说改，做起来可难呢！

"我觉得教育子女应该一代比一代好。打骂出来的子女毕竟不是一样的。"

虽然日记的语言有些幼稚，个别句子也不太通顺，但在老师中间传看时，仍让大家惊异不已：一个几天前连句完整的话也说不出来的孩子，竟能写出这样的日记！

后来，冰儿终于主动向陆老师讲诉了她成为"傻子"的经过：

我刚一出生，父母就认定我是傻子。这是因为我生下来前在母亲肚子里曾经窒息了5分钟的缘故。

这件事是我在记事以后才从大人嘴里断断续续知道的。

听说那天母亲被送进产房时，医生就告诉我，孩子胎位不正，情况很危急。虽然他们采取了很多措施，可我就是赖在母亲肚子里不肯出来。后来羊水流干了，我在里面窒息得小脸青紫，过了几分钟后才被医生拖出母亲的子宫。

我的降生并没有给父母带来喜悦，相反，却在他们心里笼罩上了一层摆脱不掉的阴影，因为医生告诉他们，由于难产，窒息了5分钟，孩子有可能脑瘫，也有可能智残。这种预测，给了父母很大的打击。

因为出生时发生的这个意外，从我来到这个世界的第一天，就被打上了"傻子"的烙印。从没有人怀疑过医生的话（其实医生只是预测，并没有断定我一定就是傻子），从没有人带我检查过智商，也从没有人真正了解和分析过我脑子是否真的有问题。无论是生活上还是学习上，父母从一开始就用看傻子的眼光看我，用对待傻子的那一套对待我。

听了冰儿的介绍，陆老师又主动找到了冰儿的父母，与他们有过一番交谈后，她终于知道了使冰儿受到致命伤害的是什么。

冰儿的父亲是厂长，母亲也是单位的负责人，工作都很忙，事业也很成功。由于难产造成女儿宫内窒息，冰儿的父母对她一直心存歉疚。他们在生活上无微不至地关心她照顾她，但这种无微不至却妨碍了女儿正常的心智发展。明明冰儿会拼的拼图卡片，父亲却要在背面加上编号；因为担心被别的孩子欺负，他们几乎不让女儿与外界接触。生活上的极度呵护、社会交往上的极度保护，反而剥夺了冰儿正常成长发展的空间，使她内敛、退缩甚至冷漠。而在潜意识中，他们已接受了医生的负面暗示，先入为主地认为冰儿不同于一般正常孩子，对她有一种隐性的冷漠，这使得冰儿自小生活在一片情感单调的世界里，她的发展是缓慢的。

这样，父母因此更认为医生的预测是对的。也由于先入为主，上幼儿园后，老师和同学对这个"小傻子"也是排斥的，冰儿仍然生活在一个无需太多语言表达，无需太多情感交流的世界里。

冰儿7岁时，为了开发她的智力，父母送她去学钢琴。没想到教钢琴的老师竟表扬了冰儿，说："这孩子很聪明，一学就会。"这话让冰儿的父母大吃一惊，他们从没想到他们的孩子会得到"聪明"的赞誉。

老师的话，让冰儿父母早已绝望的心又重新燃起了希望。然而对于冰儿来说，却是一场新的灾难的开始。

父母为她制定了周密的学习计划，他们以为只要拼上时间和精力，他们的女儿就一定能成才。要使女儿后来居上，就要在她身上多花气力，可是两人都是大忙人，于是他们互相指责着彼此的忙碌，父亲用"特别噎人"的语言要求母亲辞职管孩子，家里不时因此爆发"热战"。后来父母分工，母亲督促冰儿练琴，父亲分管她的学业，两人急躁地在冰儿身上发泄着对她的期望和不满。

高强度的学习不但没使冰儿的学习成绩好起来，她的成绩反而从中等降为下等。父亲大为恼火，他亲自为冰儿补课，并时常为她作业中出现的"低级错误"而对她动手。父亲的数学课，远没老师讲得好，冰儿越听越烦，后来终于练就了充耳不闻的本领，十几分的数学成绩是她对父亲的回报。对音乐本很有悟性，"一学就会"的冰儿，对音乐也变得"没感觉"，以此作为给母亲6年唠叨的回报。而90多分的语文成绩却被父母认为是理所当然，不仅没有得到她期望的表扬，反而成为她不好好学习数学的佐证，更加剧了父母对她学习成绩的期望。

他们给冰儿报了各种各样的学习辅导班，他们让冰儿做永远也做不完的练习题。每天，除了听课，就是做题，这种日子让冰儿苦不堪言，她将自己的不满和愤怒发泄在日记里："你们再逼我，我就出走！"

就拿这次夏令营来说吧，冰儿的父亲本来是不允许她参加的，因为他已经给冰儿报了暑假数学奥林匹克班。这位"望女成凤"的父亲也许不知道，他的女儿除了吃饭穿衣、学习成绩，更需要的是理解、尊重和被爱的感觉，更需要的是人生途中的引导和帮助。他也许不知道，他的女儿已经站在精神的火坑里，如果不及时将她拉出来，也许就毁了，他所有的希望也会成为泡影。

是母亲在王阿姨的劝导下瞒着父亲偷偷送冰儿来夏令营的。冰儿的母亲之所以听了王阿姨的劝告，是因为她曾亲眼目睹了一件事。

有一段时间，冰儿住在王阿姨家。王阿姨不强迫她学习，经常像朋友一样跟她聊天，她感到从未有过的轻松和愉快。那天，母亲去接冰儿回家，王阿姨出门办事刚好回来，冰儿见她回来，马上扑上去搂住她说："阿姨，我想死你了。"冰儿的母亲非常惊讶，她跟女儿朝夕相处了十几年，女儿从没这样抱过她。

老师在与冰儿的相处中发现，她在与人交往中表现出喜欢被人抚摸、拉手等，这种悦纳别人、肌肤接触的动作是在孤儿院长大的孩子常有的"肌肤饥渴"症状。因为父母潜意识中接受了医生的消极暗示，给了她一个不同于正常孩子的生活环境，这个环境造成她的孤僻。而这种孤僻又反过来影响了老师、同学、邻居对她的态度，这使她的生活环境中到处都是消极信息，都是对她的否定。久而久之，她的感觉退化了，感情也迟钝了。

夏令营就要结束了，结束之前的那天，是参加夏令营的孩子们的家长接受辅导培训的日子。冰儿的父母也来了。陆老师把冰儿的表现、她的进步和老师们的看法都告诉给他们，她希望冰儿的父母真正意识到自己对孩子的伤害，希望他们看到孩子心灵的空洞、情感的沙漠，希望他们在未来的日子里给予冰儿更多她所需要的关爱。

讲述了冰儿的故事后，张静虹说，我们成年人是否应该扪心自问：我们对孩子了解多少？我们尝试着走进过孩子的心灵吗？我们的做法对孩子的发展、对家庭的幸福、对社会的进步，真有好处吗？我们是否更应该扪心自问：我们有权这样做吗？

若有所思：

　　父母是孩子最信赖的依靠，父母是他们在这个世界上最亲最亲的人，如果父母放弃了他们，他们就会放弃这个世界，如果父母抛弃了他们，他们就会抛弃这个世界。因为，人生中，再也没有什么比被父母放弃或抛弃更悲惨的事了。

> 我们的教育是同温暖的生命一起开始的。
>
> ——（法）卢梭

阁楼上的血案

上小学四年级的时候，有一天，我们班有个同学带来了一部玩具手机，那时，手机还不像今天这么普及，所以，一下就吸引了大家的眼球。下课后，大家一窝蜂地拥上去，我冲在最前面，谁知，那同学推了我一把，然后将手机藏进了怀里。

我恼羞成怒，愤愤地说："有什么了不起的，不就是一个破玩具手机吗，明天我拿一个真的来给你瞧瞧。"

那天中午一放学，我就赶紧跑回家，我对母亲说要一部真手机。她吃惊地说："哪有小孩子用手机？再说也太贵了。"

"不嘛不嘛，我偏要，今天就买，明天我要将它带到学校去。"

我威胁她说，如果不买我就不吃饭，一天不给我买，我就一天不吃饭。我知道这一招最管用。

果然，母亲马上满口答应说："好好好，我的小祖宗，我这就去给你买。"

第二天上学，我带上了母亲花了3000多元给我买的新手机，我炫耀地将它挂在胸前，它不但让我出了口恶气，还让我在全班同学面前挣足了面子。

老宋一家迁居那座靠海边的南方城市已经15年了。他们从做小生意开始，先是卖针头线脑的小百货，后来开了家专卖上海羊毛衫的小店，再后来又租下一家国营商场的二楼专营服装。

　　老宋在城里买了房子，房子在老城区一条里弄里，是一幢二层半的旧楼，一楼是客厅兼办公室，二楼是卧室，二楼上面还有一个一人高的阁楼。

　　惨案就发生在阁楼里。

　　那天是农历腊月初八。老宋早早就起床了，他准备坐火车去义乌进货。来回大约需要3天。临行前，老宋叮嘱妻子一定要看好儿子，不要让他去网吧。

　　儿子大志16岁，上初三，一年前迷上网吧后经常逃学，为了看住儿子，老宋不得不放下生意每天接送他上学。可就在几天前，他因店里有事去学校接儿子时晚了半个小时，儿子就跑得不见了踪影。他找了三天三夜，几乎找遍了全城的每一家网吧，一直没有找到儿子。正当老宋和妻子忧心如焚、惶惶不可终日时，儿子给家里打来电话，说他现正在郊区一家网吧里，因欠了人家500多元钱，被老板扣住了。

　　老宋带上钱，叫了一辆出租车匆匆赶到那家网吧。原来大志那天见父亲没来接他，暗自窃喜，打算去网吧玩个痛快，后来又转念一想，父亲没见到他，一定会去网吧找他，于是，他打了一辆出租车就直奔郊区这家网吧，他一直泡在网吧里，每天由网吧服务员给他提供吃喝。这天，他想回家了，一算账，三天三夜连吃喝带上网，他在网吧欠下了600多元钱。大志将身上的钱都拿出来也只有100多元，只好打电话回家求救。

　　一路上，老宋想起几天来的担心，几天来的焦虑，真想见了面将儿子好好痛骂一顿。可是见了面，看儿子头发蓬乱，一脸疲惫，又心疼得一句话都骂不出来了。

　　回到家，大志吃了母亲已给他做好的饭菜后，倒头就睡，一直睡了一天一夜。等他醒来，母亲苦口婆心地劝他不要再去网吧，她说："你要什么都可以，我求你不要去网吧，马上就要中考了，再这样玩下去，你恐怕连普通高中都考不上啊……"

　　大志漠然地望着窗外，对母亲的话充耳不闻。母亲"扑通"一下跪倒在他面前，要儿子答应不去网吧，她说："我只有你这一个儿子，从小到大，你要什么，我给你什么，从没亏待过你，今天你要答应妈妈，好好读书，不去网吧。"

大志冷冷地看了一眼跪在地上的母亲，不耐烦地说："好了好了，我不去就是了。"

虽然儿子答应不去网吧，老宋仍是放心不下，所以一再叮嘱妻子一定要看好儿子。

老宋走的那天正好是周末，儿子没上学，母亲将他带到店里让他帮忙照看一下生意。上午，他倒是很安分，到了下午就待不住了，要母亲给他钱。母亲怕他去网吧不肯给他钱，儿子就闹起来，说不给钱就出走。

这一招把母亲吓着了，她给了10元钱。儿子拿着钱就走了，她追在身后问他去哪里，他说："你别管。"

傍晚，母亲回到家发现儿子还没回来，知道他又去了网吧，她想，只给了他10元钱，量他玩不了多久就会回来。于是她上到阁楼，准备将从店里带回的一部分现金锁进保险柜。

正准备从阁楼下来时，迎面碰上儿子。她发现儿子手上拿着一把菜刀，她惊问："大志，你要干什么？"

"我要钱！"

"你不能去网吧了，你答应过你爸爸的，我不能给你钱。"她话音刚落，儿子就挥刀朝她砍来，她本能地伸手去挡，手臂上重重挨了一刀，鲜血立即涌出来浸透了米色的羊毛衫。

"大志，你疯了，我是你妈妈呀！"

儿子不但没放下刀，反而又挥刀朝她砍来，她拼力抓住儿子拿刀的手，想将刀夺下来，扭打中，她脸上又挨了几刀，血流了一脸，她凄厉地喊着："大志啊，我是你妈妈呀，你难道要杀死你妈妈吗？"

"别啰嗦，快拿钱来！"他吼道。

"你要多少？"她血人般地躺在阁楼的地板上，喘着粗气问。

"3000元！"

"保险柜的钥匙在我裤兜里，你自己去拿。"

儿子从母亲裤兜里翻找出钥匙，但鼓捣了半天仍打不开保险柜。他对母亲说："我开不了，你来拿！"

母亲只好爬过去打开了保险柜，儿子将里面放的5000块钱全装进了自己的口袋。然后，他扔下仍血流如注的母亲匆匆下了阁楼。他在楼下脱去血迹般般的外衣，换上了干净衣服。临走前，他冲着阁楼上的母亲说："别怪我心狠，谁叫你不给我钱。"

母亲知道儿子要逃，她艰难地爬到阁楼的楼梯边，对儿子嘱咐说："大志，外面天冷，把我给你买的新羽绒服带上，别冻着。"

儿子却将大门反锁上后，扬长而去。

估计儿子已经走远了，她才开始呼救。听到了呼救声，邻居赶过来将气息奄奄的她送进了医院，并报了案。

经检查，她身上挨了5刀，其中，头部、面部挨了3刀，手臂和腿上各一刀。有一刀砍在眼睑下深及颧骨。派出所干警很快就赶到了医院，问她谁是凶手，她支支吾吾不肯说。后来，他们从她家里找到了她儿子的血衣，她才不得不承认凶手就是她儿子。

跟老宋一起做生意的亲戚给老宋打手机报信说："你老婆被人砍伤了！"

老宋大吃一惊，早上出门时她还好好的，怎么就被人砍伤了。他问是谁砍的，对方支支吾吾地说："你回来就知道了。"

老宋货也不进了，连夜往家赶。一路上他设想了种种可能，遇到劫匪了？因生意上的事与人发生口角了？他做梦也没想到，砍伤妻子的竟是自己的儿子！

面对警察的询问，老宋羞愧难当地说："我知道早晚会有这一天，这是报应，这是我们自己作的孽啊……"

大志刚满一岁时，他们夫妻俩作出了一个决定，为了让儿子将来过上好日子，他们决定离开家乡去沿海城市创业。他们将儿子托付给了孩子的爷爷奶奶。

大志是在爷爷奶奶的百般宠爱下长大的，真可谓含在口里怕化了，捧在手里怕摔了，他们事事顺着他依着他。他已经四五岁了，出门仍不愿自己走路，无论去哪里都由爷爷背着；六七岁时，无论是洗脸洗脚还是穿衣服脱衣服，都由奶奶服侍。爷爷奶奶自己省吃俭用，可是给孙子买东西即使再贵眼都不眨一下，出手极大方。

大志7岁那年，父母回老家接他去城里上学。那时，夫妻俩已在城里站住了脚，有了自己的店铺。自从将儿子接来后，老宋的妻子基本上不管生意上的事，回家全心照料儿子。她送他上学，放学接他回家，一路上，书包总由她背着，从小学一直背到儿子进中学。

爷爷奶奶百依百顺的溺爱，已使大志养成了骄横的脾气，他说菜不好吃，会将满碗饭菜全泼在地上；他说洗澡水热了或凉了，会大骂母亲是个蠢猪。他抽屉里从没断过零食，一看见商店里有什么新玩具，就一定要买回家。

对于儿子的骄横，他们从来不责骂，而是一味地容忍。他们认为，儿子那么小时他们就离开了，所以总觉得自己欠儿子的，于是千方百计地满足他的各种要求。而他们的这种怂恿和溺爱愈发使大志的骄横变得更加肆无忌惮。

在迷恋上网吧之前，大志的学习成绩尚可，还担任过数学科代表，也正因为如此，老宋对儿子充满了希望，他希望儿子将来能考上名牌大学，然后出国留洋，并早早就在银行给儿子储备了一笔数目可观的留学资金。

可是没想到的是，儿子上初二后迷恋上了网吧，学习成绩急剧下降。开始，他们也好言好语地劝过他，甚至求过他，希望他迷途知返，但大志像中了毒瘾一样难以自拔。他们也尝试过不给他钱，使他没钱去网吧，可是不给他钱，他就用不上学不吃饭来威胁。每一次，败下阵来的总是他们。

在血案发生前不久，还发生了一件事。

那天，大志只上了一节课就逃课去了网吧，为了不让父母找到他，他去了一家离学校较远的网吧，等老宋夫妇千辛万苦地找到他时，已经是第二天凌晨。他们苦苦相劝，总算将他劝回了家。可是一回到家，儿子就跟他们摊牌说："要想让我不去网吧，除非太阳从西边出，我对上学没兴趣，你们也不要对我抱太大希望，不如干脆将给我存的钱拿出来，让我痛痛快快玩一阵。"

老宋气得浑身哆嗦，他第一次咆哮如雷地对儿子拍了桌子，谁知儿子竟冲到厨房拧开了煤气开关，说："你们不让我去网吧，我们就一起死吧。"说着抓过火柴就要点火，被老宋拦腰紧紧抱住了。

经过了那个惊心动魄的夜晚，老宋既伤心又失望，可他怎么也没想到儿子会丧心病狂地对自己的母亲举起刀。老宋的头发一夜间花白了。

血案发生的第二天，派出所民警在一家网吧找到了大志。他对砍伤母亲的事实供认不讳。

在录口供时，问他为什么要杀自己的母亲，他说："她不给我钱。"

"不给钱就杀你母亲，你怎么下得了手！"

"我没想那么多，当时只想拿到钱。平时，只要找她要钱她都给我，可这一次她硬是不给，所以我就将她杀了，我没想让她死，只想砍伤她，她受伤了，就不会到网吧来找我了。"

父母平时对我向来百依百顺，我要什么他们就给什么，我口袋里从不缺钱花。小时候，我房间里摆满了各种各样的玩具，有几百元一件的，也有几十元一件的，玩腻了我就扔到一边或拆个稀巴烂，他们从不指责我，反而会低声下气地问我："儿子，你还要啥？"

上小学四年级的时候，有一天，我们班有个同学带来了一部玩具手机，听说是他爸爸从香港带回来的。那时候手机还不像今天这么普及，有手机的人并不多。所以那部可以假乱真的手机一下就吸引了大家的眼球，下课后，大家一窝蜂地拥上去，人人都想拿在手里装模作样地过过瘾。我冲在最前面，想第一个抢到手机，谁知，那同学推了我一把，然后将手机藏进了怀里。

我当时很恼怒，正想挥拳教训教训他，可这时老师走过来了，我只好愤愤地说："有什么了不起的，不就是一个破玩具手机吗，明天我拿一个真的来给你瞧瞧。"

那天中午一放学，我就赶紧跑回家，我对母亲说要一部真手机。她吃惊地说："哪有小孩子用手机？再说也太贵了。"

"不嘛不嘛，我偏要，今天就买，明天我要将它带到学校去。"

见她仍在迟疑，我威胁她说，如果不给我买，我就不吃饭，一天不给我买，我就一天不吃饭。我知道这一招最管用。

果然，母亲马上满口答应说："好好好，我的小祖宗，我这就去给你买。"

　　第二天上学，我带上了母亲花了3000多元给我买的新手机，我炫耀地将它挂在胸前，它不但让我出了口恶气，还让我在全班同学面前挣足了面子。从那以后，班上同学送我一个绰号：大哥大。

　　过去，只要我提出要求，每一次他们都会满足我，可自从我开始去网吧后，他们就变得很抠门，即使给我钱，一次也只给十块八块的，根本就不够花。我想弄到很多钱，我知道保险柜里有钱，但是我没有钥匙，也不知道密码。我要是不杀她，她不会给我钥匙，更不会告诉我密码……

　　我知道他们对我寄托很大希望，可是我在教室就是坐不住，老想着去网吧上网。我父亲本来答应了给我买台电脑，可是一直不兑现，说怕我玩电脑没心思学习。这件事一直让我耿耿于怀。

　　宋大志被抓起来后，老宋又为"解救"儿子四处奔走，他说："只要不送他去少管所，花多少钱我都愿意。"

　　爱，能成就一个人。

　　溺爱，会葬送一个人。

　　　　过分的溺爱虽然是一种伟大的感情，却会使子女遭到毁灭。

　　　　　　　　　　　　——（前苏联）马卡连柯

王琼疯了

一天晚上，学习到10点多钟，我感到很累很疲惫，便想一边看书，一边戴上耳机听听音乐放松一下。我取出随身听里的英语磁带，放进了邓丽君的磁带。

那时候，我很喜欢听邓丽君的歌，她嗓音甜美，歌里总有一种挥之不去的淡淡的忧伤。但是我从来不敢在家里听她的歌，更不敢买她的磁带。母亲禁止我做一切与学习无关的事，我的全部生活内容只有学习。

那天，我路过学校旁边的音像商店，忍不住走了进去，我买了一盘渴望已久的邓丽君的磁带。怕被母亲突查时发现，我将它藏在褥子下面。我怎么也没想到，深夜10点多钟了，母亲会突然出现在我面前。当我发现她时，已经来不及藏匿那盘磁带了。她也许从我惊慌的表情里发现了什么，冲上来就拔下我的耳机，并从随身听里搜出了磁带。人赃俱获后，她拿着那个"物证"，大声地呵斥我、辱骂我。很快就有不少其他寝室的同学闻声前来围观，母亲越骂越起劲，寝室的同学个个吓得屏声静气。那时候，羞得无地自容的我真想找个地缝钻进去。

已经3个月了，王琼仍没有一点好的迹象，她呆呆地坐在床上，有时嘴里会念念有词，但那是一串含糊的发音，没有人能听得懂。有时她会用笔在纸上反反复复地写着一个字：大或小，人或手，字迹歪斜幼稚。

可是这个看起来神情呆滞，智力低下的女孩，几年前却是该市高考的英语状元，她的彩色照片曾挂在母校的橱窗里，她一直被母校引以为骄傲。大学四年里，她因成绩优秀，两次获得一等奖学金，并被免试保送上研究生。

天质聪颖、学业如此优秀的王琼怎么会变成这样呢？

王琼的变化其实从大四下学期就开始了。她记忆力下降，常常发呆，有时会莫名其妙地哭泣，有时又会很亢奋地重复叙说一件事情。开始，她的父母并没在意，她的老师和同学也没在意。

到了下学期，她的同学有的忙着考研，有的忙着找工作，王琼因已进入保送上研究生的名单，没有考研的压力，也没有四处奔波找工作的烦忧。她本该快快乐乐度过这段没有压力的轻松时光，没想到她却变得一天比一天忧郁，一天比一天落落寡合，后来竟发展到整天不言不语，不知道按时上课，不知道按点吃饭，同学喊她去听课，她木然地跟在她们后面走进教室，老师讲课的时候，她既不看书也不做笔记，神情恍惚得像一个梦游者。到了吃饭时间，她不知道去食堂吃饭，只有在同学的提醒下，她才会跟着她们一块去。她从不在食堂吃饭，买了饭菜就慌不择路地跑回寝室，好像身后有人追赶似的。回到寝室，她要么呆坐在凳子上，要么睁着一双空洞的眼睛躺在床上。而在这之前，王琼却是以学习刻苦出名的，她从不浪费一分一秒。

寝室的同学将王琼的反常表现报告给了老师，老师觉得此事非同小可，马上跟她父母取得了联系。当王琼的父母赶到学校时，他们惊呆了，只见女儿神情呆滞地望着天花板，喊她的名字，她一点反应都没有，老师告诉她，爸爸妈妈看她来了，她也没有反应，她已经认不出自己的父母了。母亲悲痛欲绝地扑上去紧紧抱住女儿哭着问："小琼，你这是怎么了？你怎么会这样啊？"

王琼木然地看着泪流满面的母亲，像看一个和自己不相干的人。父亲老泪纵横地说："小琼，我们回家吧，等你病好了，再来上学。"

听到说上学，王琼的眼睛里立即充满了恐惧，她一边用双手紧紧抱住身子，一边连连摇着头说："不，不，不上学，不上学了……"

"好，好，不上学了，咱们不上学了，咱们回家。"父亲一边安慰着，一边扶着她走出寝室。

王琼精神失常后，有人认为是学习压力太大造成的，也有人猜测会不会是因为感情问题。但她的同学否认了后一种猜测，她们说王琼的生活里只有学习，她每天的生活几乎是三点一线，这就是寝室、教室、图书馆。不要说谈男朋友，就是班上的男同学，她也很少接触，因为她母亲早已跟她约法三章，上大学期间不能谈恋爱，不能出去旅游，不能干一切与学习无关的事，要将全部精力放在学习上。

如果不是那本日记，王琼精神失常的原因也许永远都是一个谜。

那本日记是王琼的父亲在女儿寝室里发现的。王琼被送进医院的第二天，她父亲来学校帮她办理休学证明，后来又去女儿的寝室清理她的书本和生活用品，在拆枕套时，发现一个黑色封皮、纸张已有些发黄的本子从枕头里掉出来。本子藏在枕芯和枕套之间，如果不是拆枕套，他很难发现。

他翻开本子，发现是女儿写的日记，心里先是吃了一惊，因为他从未见过这个本子，更不知道女儿还有写日记的习惯。女儿将日记本如此精心地藏在枕头里，一定是害怕被父母发现。

阅读着女儿的日记，每一字每一句都像一记记重锤敲在他的心上，他震惊，懊悔，他发现，他和妻子的爱不但没让女儿感到幸福，反而成了她痛苦的根源，成了她精神的牢笼。在日记里，他能看到女儿的精神是怎样一步一步走向毁灭的，他能看到在精神毁灭之前，女儿经历了怎样的痛苦和挣扎。

虽然这一切是那么的让他和妻子痛心和懊悔，但这毕竟是他和家人的隐私，是一杯自酿的、却又不得不饮下的苦酒，但是为了救女儿，为了使医生能对症下药，经过再三考虑，他和妻子将这本日记交给了女儿的医生。

医生在看了这本日记后，对他们说了一段耐人寻味的话："爱子女是每一个父母的天性，但不同的爱会有不同的结果。对于你们来说，这个结果其实在很早以前就潜伏在那里，只是你们一直不知道而已。"

王琼的父母当年都是下乡知青，直到1976年才先后返城。因为没学历，她父亲在一所中学做了10年代课教师，直到后来参加自学考试拿到本科文凭才转为正式教师。王琼的母亲在一家国企做出纳，因企业不景气，不到45岁厂里就让她办了内退。也许正是因为这些特殊的经历，他们在王琼身上寄托了自己的全部希望。

从王琼的日记里不难看出这一点。

在最早的一篇日记里，她这样写着：

从小学一直到现在上高中，我从没心情轻松快快乐乐地玩过，过家家、跳房子、跳橡皮筋，这些小姑娘们常爱玩的游戏我从没玩过。在我的记忆里，我只去过一次动物园，那还是上幼儿园的时候。后来，父母以要学习为由，再没带我出去玩过。小的时候，我很羡慕那些能自由自在玩耍的小朋友，可是母亲教育我说，那些不爱读书的孩子将来不会有出息，只能干扫马路、扫厕所、出力气的粗活。她说，你要想不干那种粗活，坐在干干净净的办公室里，你就得好好读书。

那时候，我的理想很简单，就是好好读书，将来有一份坐在办公室里的工作。

然而父母的理想其实要比我的理想远大得多，他们希望我将来考上重点大学，然后出国留学，怎么样也得拿到博士学位。为了这个理想，从上小学一直到现在，我无时无刻不在他们严厉的监督下。他们给我制定了每天的作息时间表，早晨，我必须5点半起床，起床后学习一个小时，上小学时是背语文课文，上中学后是背英语单词；中午，我只有20分钟午休，吃完饭躺一会儿就得起来学习；晚上，要学习到11点半钟才能睡觉。生活每天都如此反复。他们还给我规定了种种清规戒律：不准留长发（他们认为梳起来麻烦，耽误学习时间）；不准看电视；不能与同学出去玩；晚上洗脸洗脚的时间不能超过20分钟；房间里不能贴歌星、明星的照片；等等。

也许从小到大都被这样严厉地要求着、监督着，它慢慢成了我的习惯。从小到大，我从没留过长发，我的头发总是剪得短短的，像男孩子一样。我从不和同学出去玩，除了我的同桌周娴，我几乎没有朋友。我从不看电视，自从我上了初中，家里的电视机就从没开过，为了我，父母已多年不看电视。每天晚上，我最多只用10分钟就洗漱完毕，不用父母催促就自觉地又坐到书桌前。至于我小房间的墙上，除了父亲手书的一幅字，什么都没有。那幅字就挂在我书桌的上方，写的是：业精于勤，荒于嬉。

我没有让父母失望，我一直是学习上的佼佼者。可是13岁那年发生的一件事，使我开始感受到了这种严厉管束下的痛苦。

那年，我考上了市里一所重点中学，因为离家远，我只能在校住读。可是母亲对我不放心，她担心我离开了他们的监督会放任自流管不住自己，她更担心我受别人的影响变坏了，所以，她几乎每天都不辞辛苦地赶换几路公共汽车到学校来对我进行"突查"，看我是否在认真听讲，是否在用功学习，会不会贪玩。她有时候中午来，有时候晚上来，经常像幽灵一样冷不丁就出现在我面前。

一天晚上，学习到10点多钟，我感到很累很疲惫，便想一边看书，一边戴上耳机听听音乐放松一下。我取出随身听里的英语磁带，放进了邓丽君的磁带。

那时候，我很喜欢听邓丽君的歌，她嗓音甜美，歌里总有一种挥之不去的淡淡的忧伤。但是我从来不敢在家里听她的歌，更不敢买她的磁带。母亲禁止我做一切与学习无关的事，我的全部生活内容只有学习。

那天，我路过学校旁边的音像商店，忍不住走了进去，买了一盘渴望已久的邓丽君的磁带。怕被母亲突查时发现，我将它藏在褥子下面。我怎么也没想到，深夜10点多钟了，母亲会突然出现在我面前。当我发现她时，已经来不及藏匿那盘磁带了。她也许从我惊慌的表情里发现了什么，冲上来就拔下我的耳机，并从随身听里搜出了磁带。人赃俱获后，她拿着那个"物证"，大声地呵斥我、辱骂我。很快就有不少其他寝室的同学闻声前来围观，母亲越骂越起劲，寝室的同学个个吓得屏声静气。那时候，羞得无地自容的我真想找个地缝钻进去。

最过分的是，母亲临走时还将寝室其他同学的磁带也都搜走了，并交给了老师，理由是怕我听她们的磁带。

母亲走后，寝室的同学个个义愤填膺，并将怨气发泄在我身上。从那以后，她们都不大愿意理我。

听王琼的同学讲，她的歌唱得很好，有一次，班上搞联欢，王琼上去唱了一首歌，举座皆惊，他们没想到，一天到晚趴在书桌前的王琼有一副这么好的嗓子。

王琼的高中同学听说她精神失常了，一点也没感到意外。说王琼迟早会有这一天。平时，一个小小的单元测验偶尔没考好，王琼的父亲就会大发雷霆，母亲就会没完没了地教训和奚落。有一次，王琼背着父母参加了一次同学的生日聚会，她父母闻讯后，双双赶到那个同学的家，当着大家的面，一面痛哭流涕地教训女儿，一面警告在场的同学，让大家以后不要再找王琼玩，说他们的女儿将来是有大出息的。从那以后，班上同学再不敢邀请王琼参加聚会了。就连学校组织的春游、运动会，她父母也不让她参加。班上同学出去春游时，王琼就在家里学习。不让她参加运动会的理由是，怕她摔伤了影响学习。

考大学时，凭王琼的高考成绩，她既能选择北大也能选择清华，可是父母执意要她报考本地一所重点大学，他们担心王琼去了外地离开了父母的监视和管束，会贪玩、谈恋爱。尽管王琼一千个不愿意，最后也只得服从。

背负着父母的希望，王琼一直吃力地往前走着，她不敢有丝毫的懈怠。

王琼在她的日记里断断续续记录了她的学习生活：

今天早晨，我在路灯下背英语时，碰见了出来晨练的刘老师，他关心地走到我面前说："不要在路灯下看书，光线太暗了，当心搞坏了自己的眼睛和身体。"望着他渐渐远去的背影，我鼻子一阵阵发酸，因为这样关心体贴的话语我从未从父母那里听到过。他们给我的永远是训诫，永远是高高扬起的鞭子。

到了大学，父母对我的监督丝毫没有放松，母亲仍是像往常那样，时不时会到学校来跟踪我，如果看到有男同学跟我走在一起，她会当众拦住我，对我严加斥责，搞得班上的男同学谁也不敢跟我说话。就连与我关系稍微近一点的女同学，她也要像查户口似地千方百计打听对方的家庭背景、学习成绩、在学校的表现，她的理由是"近墨者黑"。

有天晚上，我与一位女同学从图书馆出来，回宿舍的路上，我们发现有一个男人不远不近地跟在后面，因为已是深夜，校园里行人稀少，我和女同学以为碰上了流氓，害怕得要命，拼命奔跑起来，跟在我们后面的那个人，也快步紧追上来，快跑到宿舍楼下时，我听到身后有人喊我的名字，回头一看，原来紧跟在我们后面的那个人是我父亲。回到宿舍，吓得魂不附体的同学一个劲地埋怨我，说："你父亲怎么像看贼一样看着你。"我无地自容。

王琼的老师评价她是系里学习最刻苦，成绩最优秀的学生。他每天5点钟晨练时，总能看见王琼在路灯下看书背单词，有时下雨了，她就穿着雨衣雨靴站在路灯下学习。他说他从没见过如此刻苦的学生。有一次考逻辑学，她考了86分，这个成绩在班上已经是最好的了。可是拿到成绩后王琼当时就哭了，说如果拿这个成绩回家一定会挨父母的骂，请求老师允许她再考一次。

在发病前的一篇日记里，王琼这样写着："学习就像一座永远搬不完的大山压在我头上，一天到晚跟我作伴的只有书，我没有朋友，没有业余生活，这样活着有什么意思？也许只有死了才能解脱这一切……"

王琼没有死，她疯了。疯了的王琼已不知道什么叫痛苦，她常常"玩"着只有小孩子才玩的游戏，她跟自己过家家，她在病房里"跳"橡皮筋。

女儿精神失常后，王琼的父母一下苍老了，背也佝偻了。她母亲哭着告诉医生，这些年来，为了女儿的学习，她和丈夫省吃俭用，两人已有好几年没买过一件新衣服，家里值点钱的东西只有一台18吋旧彩电，可是怎么也没想到为女儿付出了那么多，最后收获的竟是这样的结果。

她说："我好后悔呀，现在我只想女儿尽快好起来，能自食其力，像普通人一样生活我就心满意足了。"

王琼是不幸的，她的父母也是不幸的，然而这种不幸的悲剧仍然还在一些家庭上演。

一项针对中小学生的调查显示，孩子认为最大的压力不是来自学校，而是来自父母。一位母亲这样给儿子安排周末——周六上午：英语；下午：绘画。周日上午：数学辅导；下午：声乐。儿子不堪重负，对母亲说："妈，你要是生4个儿子就好了。"

一位考上高中的中学生，当父母向他表示祝贺时，他苦着脸说："你们还是祝我下地狱吧。"

一位11岁的小男孩要求父母带他去北京做亲子鉴定，他怀疑父母不是自己的亲爸亲妈，因为他们对他管得特别严，不让他上同学家玩，不让他上街，长这么大只去过一次公园，每天睁眼闭眼都是学习，请了家教还不算，假期和双休日还要天天去上辅导班，最多时一天要赶着上4个辅导班，天黑了若有所思：
每个人的生命只有一次，而对大多数独生子女的家庭来说，孩子的毁灭就是一个家庭的毁灭，他们几乎没有第二次机会来改正错误、弥补过失。一旦悲剧发生，等待他们的只会是绵绵无期的痛苦和悔恨。

才回家。他说："如果他们是我的亲爸亲妈，咋会这么狠心，成天逼我学习？"

父母的爱本是无私的、天使般的爱，可是在"望子成龙"的愿望下，这种爱被扭曲了，慈爱的眼神没有了，代之以无处不在的监视的眼神。温柔的口吻没有了，动辄就是辱骂、嘲讽和体罚。而发生了这种变化的父母并没有感觉到这有什么不对，他们认为自己所做的一切都是对孩子的深爱——希望孩子考高分、进名校，将来过上令人羡慕的好日子。可是这些所谓的成功，只是家长心目中的成功而已，它并不是孩子期盼抵达的彼岸。

而且，这些孩子的父母也许不知道，当他们按照自己的美好愿望要求着、安排着、规定着孩子的一生时，当他们将自己的理想和期望一股脑儿强加给孩子时，那个被称作悲剧的魔鬼其实已经悄悄尾随在身后，只是他们不知道而已。因为悲剧总是在要落幕时，才显现出它的残酷和无情。而真到了落幕的时候，一切大错都已铸成，不该发生的悲剧已经发生，迟到的悔恨已无法挽回悲剧性的命运。

所以合理的教导是解除儿童痛苦增进儿童幸福之正确路线。
——陶行知

146

残缺的手掌

我痛恨弹钢琴。来自11岁那年的一个风雨交加的夜晚。

那天晚上是我上钢琴课的时间，可是到了傍晚，外面突然下起了瓢泼大雨。我说："下这么大的雨是不是可以不去呀？"

母亲一边匆匆穿雨衣一边说："怎么能不去！下刀子也得去。"

我极不情愿地跟在母亲身后，又粗又密的雨柱将我打得踉踉跄跄，雨水顺着雨衣帽檐流下来模糊了我的双眼，我有一种想哭的感觉。

老师让我复习上节课的曲目。我弹得很糟糕，不但有几个音弹错了，而且节奏也不对，老师皱着眉头训斥我说："你是怎么搞的，怎么越弹越差？"然后又对我母亲说："这孩子越来越没灵气了，我看他学得再好也只能当个演奏匠，当不了大师，他根本就不喜欢弹钢琴。"

从老师家出来，雨仍在哗哗下个不停。一路上，母亲阴沉着脸不停地数落着我，说我弹得不好是因为贪玩，功夫下得不够，还说往后每天晚上要再加练一个小时。天哪，我当时听了简直要晕过去了……

这是一个再平常不过的夜晚。知了在窗外的树上扯着嗓子叫着，远处的工地传来一阵阵机器的轰鸣声，老覃关上卧室的门将电视机拧到最小的音量在看足球赛，妻子在厨房里洗晚饭后的锅碗瓢盏。儿子覃天该像往常那样开始练琴了。

可是，老覃一直没听到儿子的琴声，正纳闷着，突然，他听到了一声惨叫，好像是妻子的声音。老覃拉开房门冲出去，立即被眼前的场景惊呆了：儿子面色苍白地坐在地上，右手握着一把刀，刀口上血迹斑斑，左手手掌血肉模糊，正嘀嗒嘀嗒地流着血，妻子瘫倒在厨房门口。老覃一边扑上去夺下儿子手里的刀，一边带着哭声问他："你在干什么？你为什么要这么做？"

儿子冷冷地回答说："手残废了，你们就不会要我弹琴了。"

老覃惊得目瞪口呆，他没想到儿子竟用这种自残的方式拒绝练琴。

他将儿子火速送进医院。经医生检查，覃天的手掌和手背共有两处刀伤，最重的一刀在手掌，几乎深及掌骨，食指也被削掉了一块，手背上的一刀虽然不深，却已伤及神经。医生遗憾地告诉老覃，根据伤情，覃天要想完全恢复手的功能恐怕不大可能，会留下一定的后遗症，也许手指不能伸直，也许拳头不能握紧。

听完医生的诊断，覃天的母亲呼天抢地嚎啕不已。这么多年的心血，这么多年的希望就这么一下给全毁了！望着悲痛欲绝的妻子，看看因失血过多脸色苍白的儿子，老覃欲哭无泪。

覃天左手上的伤口渐渐愈合了，但是由于伤及神经，他的手指不能伸屈自如，特别是食指，几乎不能弯曲。自残后，覃天再也没有弹过钢琴。他的钢琴老师为他深深惋惜，他的父母为他痛心疾首，而他自己感到的却是从未有过的轻松和解脱。

3年后，当记者采访覃天时，已经18岁的他谈起那个自残的夜晚显得很平静。他说自残并不是一时的冲动，在这之前他曾多次反抗过，可是每一次都被父亲打回到钢琴前。有一次，因为他拒不练琴，母亲又哭又闹，甚至以绝食相威胁。

他说："再这样忍受下去，我不会疯也会自杀，因为练琴对我来说已是一种无法忍受的痛苦，坐在琴凳上的每一分每一秒都是一种煎熬。只有手残了，他们才会不再对我抱有希望，才会对我真正绝望。"

当一个人用自残的方式来逃避痛苦，那种痛苦也许确实是无法忍受的，起码它超过了肉体的痛苦，不然，一个正处在花季的少年怎么会举刀砍向自己！

从覃天的自述里，我们也许能看到他曾经历了怎样的痛苦。

我父母都是工人，吹拉弹唱一样不会，可是他们却希望我成为钢琴大师。

听说这是因为我一生下来就对音乐特别敏感，特别有兴趣。据母亲讲，我生下来的那天，护士将我抱到她身边时，我眼睛一直没睁开，这时，忽然窗外传来了一阵丁丁冬冬的音乐声，我眼睛一下就睁开了，亮晶晶的眼睛，好奇地左顾右盼着。

她还说，我又哭又闹的时候，只要一听到音乐就会安静下来，脸上露出欣喜的表情，有时还会随着音乐兴奋地"咿咿呀呀"着。

我不知道这一切是不是真的，会不会有一点夸张，因为几乎每一个做父母的都认为自己的孩子是天才。

听说后来有一位懂音乐的亲戚来家里串门儿，母亲跟她讲起了我对音乐的敏感，她饶有兴趣地看了看我的手，发现我的手指细细的长长的，她对我母亲说："你儿子的这双手，天生就是一双弹钢琴的手。"

也许那位亲戚只是随便说说而已，可是我的父母却信以为真。从那以后，他们一直认为我有音乐天赋，认为覃家一定会出一位钢琴大师。

是不是有音乐天赋我不知道，但那时我对音乐确实很着迷。我们家那时还买不起音响，只有一台双卡录音机，母亲买回一些儿歌磁带和一些音乐磁带，经常放给我听。不久，那些儿歌我几乎都会唱了。母亲买的音乐磁带大都是名曲，有中国名曲《春江花月夜》、《渔舟唱晚》、《梅花三弄》、《阳春白雪》、《高山流水》等，世界名曲有《舒伯特小夜曲》、《孤独的鸽子》、《快乐农夫》、《春之声》、《摇篮曲》、《圣母颂》等。虽然我并不能理解这些音乐，但它或舒缓缠绵或激越明快的节奏却拨动着我的心弦，它传递给我的是一种愉悦和快乐。

我3岁生日时，父亲给我买了一个玩具琴，可以弹简单的音乐。开始，我玩得很起劲，见手指按下一个个键，就能发出多、来、咪、发、梭、啦、西、多的声音，我很兴奋。可是玩了几天我就不想玩了，弹来弹去只有几个音，我觉得没意思。

一天，父亲将我抱在怀里对我说，他要攒钱给我买一架真正的钢琴。那时我还不知道钢琴为何物，只知道那一定是一架真的琴，而不是玩具琴。

两年后，我5岁时，父亲真的买回了一架大钢琴。那架钢琴的琴身是黑色的，光亮得像一面镜子，摆在陈旧、逼仄的客厅里，高贵得像个王子。父亲兴奋地告诉我，这架钢琴是专门给我买的，他们要请老师教我弹钢琴。站在那个庞然大物面前，我又好奇又兴奋，我迫不及待地按下一个个黑白键，一阵悦耳的声音马上从我手指间流出来。

后来我才知道，这架钢琴几乎花去了父母所有的积蓄。

可那个时候，沉浸在喜悦和兴奋中的我，并不知道这个庞然大物会给我带来什么，更不知道它会夺走我的快乐，夺走我无忧无虑的童年，将要给我带来永远也服不完的苦役。

几天后，母亲将我带到一位姓段的老师家里，让我跟他学琴。段老师的头发几乎掉光了，只有快接近后脑勺的地方有几缕稀疏的头发，母亲告诉我他是音乐学院的教授。

段老师不苟言笑，很严厉，第一天上课我的手就挨了打。挨打的原因是我总不能纠正我错误的手型。段老师教我学琴时，母亲一直守在旁边认真地听着、看着，并做着笔记。在这之前，她只略识简谱，不懂五线谱，更不懂什么G调、F调。可是为了回家后能按老师的要求督促我练琴，她认真地记下老师的每一点提示。

从那以后，我每周去老师家上两次课，每次上一个小时。除了上课，我每天必须练8个小时琴，上午3个小时，下午3个小时，晚上2个小时。我很快就腻烦了这种单调枯燥的学习，可是每次练琴母亲都守在我身边，如果我有懈怠，她手上的棍子就会毫不留情地落下来。

上学后，我每天早晨必须6点钟起床练一个小时琴，然后去上学。下午放学回家，我必须放下书包就开始做作业，做完作业才能吃晚饭，吃完晚饭已经是7点多钟了，我不能休息，更不能看电视，马上得开始练琴，练完3个小时我才能上床睡觉。

每天都是这样，周而复始。我不能跟同学出去玩，不能看动画片，更不能去游戏机室玩游戏，我每天的生活，除了上学就是学琴、练琴。父母给我制定了一个个考级的奋斗目标，为了实现这些目标，母亲成了"魔鬼教练"，除了上班，她几乎将全部时间和精力都放在陪我学琴练琴上，她的眼睛无时无刻不监视着我，连我上厕所的时间她都掐分掐秒地算，如果在里面待得时间长了点，她就会走过来"咚咚"地敲门，一个劲地催促。当我对这一切感到厌烦而消极怠工时，她要么训斥，要么用棍子教训我。有时打过之后她会声泪俱下地告诉我，她这样做都是为了我。她和父亲坚信，钢琴大师是用棍子打出来的。

我开始痛恨弹钢琴。而最初的痛恨，来自11岁那年的一个风雨交加的夜晚。

那天晚上，是我到老师家上钢琴课的时间，可是到了傍晚，外面突然雷声大作，闪电像一条条张牙舞爪的巨蟒东奔西窜，不一会儿就下起了瓢泼大雨。我心里暗暗高兴，这么坏的天气一定不用去学琴了。可没想到刚吃完饭，母亲就催我穿雨衣、雨靴。我说："下这么大的雨还去呀？"

母亲一边匆匆穿雨衣一边说："怎么能不去！下刀子也得去。"

我穿着雨衣极不情愿地跟在母亲身后，又粗又密的雨柱将我打得踉踉跄跄，雨水顺着雨衣帽檐流下来模糊了我的双眼，我有一种想哭的感觉。我不知道我这样苦苦练琴是为了什么，虽然母亲曾一千遍一万遍地告诉过我，只有勤学苦练才能当钢琴大师，可是当钢琴大师是他们的理想，不是我的理想。如果当钢琴大师必须付出一生的快乐，必须像苦行僧一样一辈子忍受寂寞和孤独，我宁愿不当。

到了老师家，还没来得及擦干脸上的雨水，母亲就催着我上琴凳，她怕耽误了学琴时间，因为老师的辅导费是按课时给的，每个课时100元。

老师让我复习上节课的曲目。我弹得很糟糕，不但有几个音弹错了，而且节奏也不对，老师皱着眉头训斥我说："你是怎么搞的，怎么越弹越差？"然后又对我母亲说："这孩子越来越没灵气了，我看他学得再好也只能当个演奏匠，当不了大师，他根本就不喜欢弹钢琴。"

母亲的脸红一阵白一阵，她是死也不会承认她的儿子没有灵气，死也不会相信她的儿子成不了钢琴大师。

从老师家出来，雨仍在哗哗下个不停。一路上，母亲阴沉着脸不停地数落着我，说我弹得不好是因为贪玩，功夫下得不够，还说往后每天晚上要再加练一个小时。天哪，我当时听了简直要晕过去了。

我深一脚浅一脚地走在雨中，心里充满了对钢琴的痛恨。其实到这一年，我已经学了6年钢琴，我不但没有爱上它，而且连最初的快乐也没有了。我已经变成了钢琴的奴隶，它统治着我，控制着我，它占据了我吃饭、上学、睡觉之外的全部时光。我能不恨它吗！

回到家，已筋疲力尽的我，多么想躺在床上美美地睡一觉啊，可是刚换下湿淋淋的衣服，母亲就过来催促我练琴。

我无可奈何地坐在琴凳上。听着外面的风声雨声，我心里充满了对钢琴的憎恨，恨不得一刀劈了它。

老师对我的那番分析并没有让父母死心，他们仍固执地认为，弹不好是因为我没努力，只要努力了，我就能弹好。于是，他们将我晚上练琴的时间从3个小时增加到了4个小时。他们怎么也不愿相信，我不努力是因为我不喜欢弹钢琴，是因为我痛恨弹钢琴，一个对钢琴充满痛恨的人怎么会有弹奏的热情和激情！

在这之后的几年里，我不止一次地反抗过，我拒绝学琴，拒绝练琴。可是每一次反抗都以失败告终，我不是屈服于父亲的棍棒而是屈服于母亲的眼泪。有一次，我3天没练琴，母亲就绝食了3天，眼睛哭得又红又肿，父亲给我扔下一句话："她要是死了，你就是罪人。"我还能怎么办呢，只有屈服。

上初中后，学习越来越紧张，可是父母要求我学习和练琴一样都不能耽误，琴要弹得好，学习成绩也一定要好，于是我的休息时间一再地被压缩，每天只能睡五六个小时。由于缺少睡眠，我经常在上课时睡着了。而让我更不能忍受的是，除了练琴，父母不让我接触其他领域的东西，比如电脑，他们不但禁止我去网吧，也不让我到同学家玩电脑，我不会上网，更不知道QQ。

我比以前更加痛恨弹钢琴，因为痛恨弹钢琴，我痛恨上了音乐。因为痛恨音乐，我的耳朵拒绝接受一切与音乐有关的东西，除了非弹不可的钢琴，我将自己封闭在一个没有音符、没有节奏的世界里。这时候，我想到了自残，只有手残废了，我才能真正摆脱这一切，获得自由。

我手残后，母亲经常坐在那架钢琴前发呆、流泪。终于有一天，家里来了几个人将钢琴搬走了，听说是卖给了一户人家，那家有一个准备学琴的4岁的小女孩。

我不知道覃天的父母是如何承受这一打击的，我不知道当梦想破灭，并因此付出了惨痛的代价后，他们是不是有所醒悟和反省。

当孩子有着某一方面的兴趣和爱好时，是揠苗助长，还是因势利导？覃天也许真有成为钢琴大师的潜质，可是在棍棒和超出身体承受能力的训练下，这种潜质一点点地萎缩了、毁灭了，最后竟成为一个不但拒绝钢琴，也拒绝音乐的人。这不能不令人扼腕长叹。

有人说，今天的孩子是最累的孩子，他们背负着父母的全部希望，他们承受着比以往任何一个年代的孩子更多、更重的精神压力。这种压力能成就一个人，也能毁灭一个人。

也有人说，今天的父母是最操心的父母，当孩子还牙牙学语时，他们就开始规划孩子的一生，并为这个规划负起无限的责任。这让笔者想起一位美国母亲。

那位美国母亲有两个儿子，一个在家务农，另一个就是美国历史上赫赫有名的杜鲁门总统。当年，杜鲁门当选为美国总统后，新闻记者纷纷前往他的家乡采访，有记者问他母亲说："您有这样一个儿子，一定感到十分骄傲。"杜鲁门的母亲回答说："是的。不过，我还有一个儿子，也同样让我骄傲——他现在正在地里挖土豆。"

若有所思：
　　如果我们的父母也能以这种欣赏的、骄傲的眼光看自己的孩子，也能以这样的观点去看待成功与失败、平凡与伟大，那么孩子们就会活得轻松，活得快乐。

> 活教育教人变活，死教育教人变死。
>
> ——陶行知

153

经验篇

和妈妈一起看电视

罗蓬莱，北京某大学一年级学生，小学时经常小偷小摸。

其实，妈妈平常很少让我看电视的，但恰恰是这次电视上的一则"警方视线"节目让我如梦初醒，改邪归正。否则，今天的我也就不可能坐在大学的教室里，说不定早已成了一名盗窃犯！

作为一名法律专业的大学生，我清楚地知道偷盗不仅为当今社会道德所唾弃，更应该受到法律的严厉制裁，但是少不更事的我也曾是个不为人知的"惯偷"呢！

第一次作案的时候，我把偷东西简单地理解为"拿"东西。那还是在上小学一年级的时候，同桌买了一块香气四溢的"大白兔"橡皮，大约有火柴盒那么大，只要她将"大白兔"拿出来，我就能闻到一股心旷神怡的香气。我将自己那块表面已经擦得脏兮兮的橡皮紧紧地攥在手心里，总觉得有点拿不出手。那时我对同桌羡慕万分，对那块"大白兔"橡皮更是垂涎三尺，我常想：要是它是我的该多好啊！我想向同桌要，哪怕是一半也行，但是她那么吝啬，怎么会满足我的要求呢？

正在我苦苦寻思的当儿，同桌哼着听不清歌词的曲子离开教室上厕所去了，我灵机一动，打起了鬼主意：算了，她不给我，我干脆自己"拿"来算了。

左右看看，没有人注意到我这边，赶紧将"大白兔"抓在手心里，若无其事地塞进自己的鞋子里，我感觉自己的心跳在加速，脸蛋有点发烧。做完这一切，同桌突然从外面蹦蹦跳跳地回来了，慌乱之中，我的语文书竟然掉在了地上，不过幸好同桌没有识破我刚才的伎俩。

直到上课的时候，要用橡皮，同桌才突然发现自己的"大白兔"不见了，她在桌子上四处寻找，而我的心里却紧张得要命，看着她翻找焦急的样子，我觉得有些于心不忍，但是此刻的我已是骑虎难下了，如果我从自己的鞋子里掏出橡皮的话，岂不正好证明自己是小偷了吗？那样的话就是跳进黄河也洗不清了，以后，别的同学就会瞧不起我，就没有人会跟我玩儿了！

下课了，同桌还在抽屉里焦急地寻找"大白兔"，我故意做出一副若无其事的样子，问："喂，你在找什么呀？要不要我帮忙？"

面对我的关心，同桌的脸上露出感激的神色："我，我的那块'大白兔'橡皮不见了，你看见了吗？"

我自然说没看见，但我表示可以帮她找找看，然后假装蹲在地上仔细地找了起来，但我心里明白肯定是找不到的，但为了打消她对我的怀疑，我只能这么做。橡皮没有找到，那天同桌哭着回家了。

放学回到家，我从鞋子里取出那块"大白兔"，却总觉得它没有先前捏在同桌手里那么香了，心里一阵惆怅，干脆将它扔在自己的抽屉里，再也没有去理会它。

我偷了一件并不如自己想像的那么完美的东西。现在想起当时同桌那张委屈至极的脸，我就觉得后悔万分，说不定那块橡皮是她什么重要的人送的，否则她也不会那般珍惜，而我却剥夺了属于她的快乐，实在是太不应该了。

更可怕的是，从那以后，我像着了魔似的，只要在别人那里看见自己心仪的东西，心里就活泛开了，手也显得有些痒痒的感觉，如果"拿"不到手的话，心里就会觉得难受，睡觉也不安稳，连做梦都牵挂着。

第二次作案，我胆大包天地看中了班主任的钢笔，那是支"英雄"牌水笔，有着好看的金属外壳。看着班主任画在我们作业本子上清秀的笔迹，我心里揣测着这枝钢笔肯定不会错，我想将班主任的钢笔据为己有，但心里又未免有些不安，他毕竟是我的班主任，我这样做合适吗？

利令智昏的我终究没能抵挡住诱惑，我决定对班主任的钢笔下手了。为了保证不被人发现，我悄悄地在心里拟订了作案计划，之后我的心里怦怦乱跳。

机会很快来了，有一天课后，老师将自己的钢笔搁在讲台上忘记带走，而课间操之后没有班主任的课，我心想机会终于来了。

下课之后，我趴在桌子上假装肚子疼。好友关切地问我怎么了，我说肚子有点疼，他伸出手来摸了摸我的额头，惊讶地说："哎呀，你发烧了！"

呵呵，我在心里觉得有些好笑，我何来发烧，你才发烧了呢，胡说八道！热心的好友立即抓住体育委员，说明了情况并且帮我请了假。我心里一阵狂喜，心想，真是天助我也。

虽然课间操只有短短的15分钟，但对于拿一支钢笔来说还是绰绰有余的，我不费吹灰之力就将班主任的钢笔拿到了手里，插在了课桌底下的木档中间，我知道谁也不会想到我的桌子底下有着这样一个秘密，但我还是有些不安，好像生怕钢笔会掉下来暴露目标似的，上课的时候经常忍不住伸出手去摸那支笔还在不在。

后来，那支笔被我放在书包里背回了家，放在自己的桌子上一直用了大半年，直到它的笔胆破了，再也没法用了，才将它扔掉。

而老师呢，对这件事似乎根本就没有半点觉察，他连找都没找，也许是因为一支钢笔对于大人来说只是一件小得不能再小的玩意儿，实在没有大动干戈的必要，又或者他自己已经忘记了，也说不准是在哪儿丢了，所以没有追究此事。

能够轻易得到自己想要的东西，虽说需要承担一些风险，但我至今不是安然无恙吗？这以后，我的胆子渐渐大了起来，因为我觉得其实"拿"人家东西也没什么，只要我平时表现得好一点儿，再将成绩搞上去，即使偶尔来这么一次两次，也不会有人发现，或是怀疑到我的头上。这两次成功的经验不正是个很好的说明吗？

这以后，同学的笔记本、随身听、名牌钢笔……只要我看上的无不顺手牵羊地占为己有。有一次我竟然将班上的篮球拿回了家，妈妈觉得很奇怪，问我篮球是从哪里来的，是不是跟别人借的？并嘱咐我对别人的东西一定要爱惜，如果弄坏了就不好交代了，那样会影响朋友之间的友谊。

我故作轻松地回答道："唉，你别瞎操心了，这我还不知道吗？这个篮球是别人送给我的！"

"送的？"老妈的语气里满是疑惑，她似乎不相信这是别人送给我的。

我脸不红心不跳地说："难道你还不相信自己的儿子吗？别忘了，过两天就是我的生日，我的好朋友家里有两个篮球，就把它当做生日礼物送我了！"我洋洋得意地说着。面对一向乖巧听话的儿子，面对我信誓旦旦的话语，老妈自然是深信不疑，她还对我说等生日那天请人家过来吃饭。我说，不用了，好朋友之间还吃什么饭呀，太俗了！

那件事的最终结果是，班上最后一个拿篮球的同学负责赔偿。因为老师和同学们一致咬定篮球由他最后一次过手，现在不见了，肯定是他弄丢了，自然也应该由他来赔偿！看着同学眼里满含着委屈的泪水，我的心里也泛起了一种难以言喻的罪恶感，如果我没拿篮球的话，他也就不会被人误解，更不会受到这样的委屈了。可是开弓没有回头箭了，即便我将篮球拿回来，也没有办法自圆其说。

说实在的，因为偷盗，我的心里也没少背包袱，特别是拿了别人东西之后的那段时间，一方面害怕自己行事不周，事情暴露无脸见人；另一方面内心也在忍受着良心的谴责，我一直在责问自己：这样做究竟对不对？很明显，这样做是不对的，但我总是无法控制自己，因此心里一直满是自责、怨恨。

其实，我也想像别人一样，坦白自如地生活在阳光之下，可是我的心里已经不自觉地变得阴暗了起来，我常常想，也许我已经回不去了，还是听之任之吧，于是我一天一天地向罪恶的深渊滑去……

常在河边走，哪能不湿鞋？有好几次，我几乎就要暴露了。

有一天，我骑着自行车到学校，看到旁边有一辆自行车跟自己的一模一样的，真是巧合得很，连车筐都一样，只是没上锁而已。其实这也不值得奇怪，自行车流水线难道只生产一辆吗？当时我脑子灵机一动，一个"奇特"的念头产生了：我跨上那辆陌生的自行车就走，心里想着我今天先把这辆自行车骑回家，明天再将自己的骑回去，那样不就等于赚了一辆车了吗？想到这里，我的心里一阵狂喜。

我坦然地跨上那辆车没走两步，后座突然被人抓住，我诧异地向后一望，只见一个高年级的同学正怒目圆睁地看着我，呵斥道："你想干什么？偷自行车吗？哼，终于被我抓住了，跟我到学工科去！"

说完，他就要将我扭送到学工科。我一时急了，赶紧辩解："这是我的自行车，不信你看！"我手中摇晃着钥匙，可低下头去，"忽然发现"他的自行车竟然没有锁，又何来钥匙可言？只得诧异地抓抓头皮，放下自行车，走到自己的车前，骑上车说："对，对不起，我看错车了！"

但对方依旧不依不饶，说自己前些天已经丢了一辆自行车了，如果这次不是及时发现的话，恐怕又要"惨遭毒手"了，非要跟我一起去找老师，求得公道处理。

听了那个男生的话，我的心里很慌张，生怕事情败露，背上罪名。但是为了不至于给人留下做贼心虚的坏印象，我还是硬着头皮跟他一起到学工科去了。

说来也巧，那天我们班的班主任也在，看到我和一个陌生的学生每人推着一辆几乎一模一样的自行车走来，班主任显得颇为诧异，不知道我究竟在搞什么名堂。等我态度诚恳地说明事情的原委之后，班主任朝学工科主任一笑，招呼说："你别用那种眼神看我们班学生，这是我们班的种子选手，你不要伤害别人的自尊，他怎么会做那样的事呢？他们俩自行车一模一样，别说他，就是我一时之下，也难得分辨出来……"

因为班主任的开脱，我得以全身而退，若无其事地回到了家里，倒是那个"诬陷"我的学生受到了学工科老师的批评，他本来学习成绩就不好，平日里喜欢惹是生非，老师早就看他不顺眼了，将他训斥了几句，打发走了。

这件事情之后，我怕过分引人注目，颇为乖巧地蛰伏了好久，我想如果自己再不变乖一点的话，说不定哪一天真的被抓个现行呢，那样的话可就糟了。

但是潜藏的毒瘤生长在体内，总有一天会"毒性发作"。果不其然，过了一个学期之后，我又江山易改、本性难移了。

不过，这次我做的事情着实有些大了点儿。

那天班上一个同学拿了老爸的手机到学校来炫耀，他们家很有钱，听说爸爸是什么公司的老板。

然而不幸的是，我看上了那部小巧的手机。那时的手机放到现在来看，已经是不值一提的"大家伙"了，白送别人恐怕都没人要。但那时，的确还算挺先进的，怎么着，也得要好几千元才能买得到吧！

我一边挤在人堆里看新奇，一边就在心里琢磨开了：究竟怎样才能将这小子的手机弄到手呢？正当同学们围上前去兴高采烈地欣赏手机的当儿，我却陷入了深深的思索之中，我想了多条战略，但始终不能得手，因为太容易暴露了，毕竟那部手机是今天全班同学关注的焦点。

快放学的时候，机会来了，那家伙突然邀请好几个同学去公园拍卡片，我想都没想就跟着去了。拍卡片是体力活，有时候在桌子上几乎拍破手掌才能赢回来一张，但我们对这个游戏却乐此不疲。我知道那部手机此刻正躺在同学的书包里，大家都在忙着拍卡片，谁也没想到我心里还在打着手机的主意。趁他们几个激战正酣的当儿，我将手机从同学的书包里掏出来，随意地说要去小便，便离开他们，然后将手机藏在了草丛深处，估计没人会发现，这才折返回来，跟他们继续玩了起来，整件事情做得神不知鬼不觉。太阳落山的时候，大家才分手，我也若无其事地"回了家"。

走到半路上，我又跑回来，找到了手机，将它塞进自己的书包里，心里像揣着只兔子似的七上八下。

回到家后，我早早地吃完饭回到房间，躲藏在被窝里，悄悄地玩起了手机，心里既好奇又紧张，要知道那时候我爸爸和妈妈都还买不起手机呢！

正在这时候，妈妈敲起房门，问我："蓬莱，你的作业做完了吗？"

我赶紧将手机塞到自己的枕头底下，哆哆嗦嗦地应道："哦，哦，早就做完了！"

妈妈推门进来，用不相信的语气问我："我看你就没做完，不然的话为什么回答得不大干脆，还躺在床上？拿来给我看看！"

我指着自己桌子上的本子说："喏，就在那里！"

老妈检查完了作业，心满意足地走了出去，我刚想躲在被窝里仔细把玩手机，这家伙突然响了，几乎把我吓了一大跳，赶紧把它捂在被子里。

这一声铃响吓出我一身冷汗，试想，如果老妈迟走3分钟的话，我的事情岂不是要当场败露吗？若是那样，我便是浑身是嘴恐怕也无法自圆其说了。

我暗自庆幸，幸亏没被发现啊！

第二天是星期六，我起得很晚，因为昨天晚上玩弄手机折腾得实在太晚了。直到老妈催促我起床的时候，我才不情愿地爬了起来。

一整天都过得浑浑噩噩，总想回到自己的房间里把玩手机，可是老爸老妈都在家，实在太不安全了，这样很容易暴露目标的，想来想去，只好作罢。

到了晚上，我关上门，打开台灯，装作认真做作业的样子，其实是给自己玩手机作伪装。也许是因为我玩的时间太长了，门外响起了妈妈的声音："蓬莱，还在做作业啊？今天作业怎么这么多？"

"嗯，就快做完了，两分钟，两分钟！"我抬头一看，已经9点了，难怪妈妈要催促呢，以往这个时候我都快睡觉了。

"不要太累了，出来看看电视放松放松！"妈妈关切地说。

我躲在房间里玩手机，妈妈还让我放松放松，多好笑啊！但我还是很听话地来到了客厅，跟着爸爸妈妈一起看起电视来。

坐在客厅的沙发上，妈妈满含同情地对爸爸说：其实现在的孩子也不容易，从小压力就这么大，你看，我们家的蓬莱，做作业都做到这个时候，长期待在房间里那还不得把脑子憋坏呀！

其实，平日里，因为担心影响我的学习，妈妈很少让我看电视的，这一次妈妈却主动让我看电视，而恰恰是这一次的电视节目，彻底地教育了我，改变了我。

那天，电视里正放着一个专题节目，讲的是一个优秀少年的堕落故事。这个少年从13岁起开始偷东西，第一次拿了邻居家的一块电子手表，值不了几个钱，因为没被人发现，从此凭借侥幸心理染上了恶习，变得更加胆大妄为起来，什么东西都敢偷，后来渐渐发展为入室盗窃，拦路打劫，最近因为抢劫时失手杀人被警方逮捕。

面对镜头，穿着囚衣的他流下了忏悔的泪水，还说如果能够从头开始的话，他绝对不会选择这条不归路，绝对不会杀人……

电视评论员在一旁语气沉重地插话：可惜，这时候才知道后悔已经太晚了，等待他的将是法律的严惩……

现在看来，这样的新闻并不新鲜，可当时的我听来却感觉有无数条鞭子抽打着自己，我真担心有一天，自己也像那人一样最终走向穷途末路，以一颗枪子儿结束了自己短暂的一生。

妈妈随口说道，这个案例教育我们一定要努力做一个诚实正直的好人，别人的东西再好，也始终是别人的。所以我们绝对不能存有任何不劳而获的念头，至于偷窃那就成了一种犯罪。

那一夜，我躺在床上翻来覆去地睡不着，我想，一个人不是一下子就变坏的，他是由一件件小事慢慢发展起来的，正如大偷是从小偷开始的一样。我既然能从一块橡皮发展到偷手机，终有一天，我就会偷汽车、抢银行，想想未免太可怕了。

我想，我是真的错了，那么从现在开始，我就应该做一个正直善良的人，我应该将手机还给别人，毕竟它不是我的，不是自己的东西，就是再好也不能要。

星期一早晨上学，我去得特早，妈妈问我怎么起得这么早？我说自己想去学校提前做值日，实际上只是找准机会悄悄地将手机塞进了同学的抽屉里。做完这一切后，同学们才陆陆续续地来到了班上，而我却觉得今天的阳光是如此的灿烂，我问心无愧地坐在教室里，心情格外轻松。我彻底改掉了小偷小摸的习惯。

其实，妈妈平常很少让我看电视的，但恰恰是这次电视上的一则"警方说者无心，听者有意。父母并不知道自己的孩子习惯了偷盗，但是他们鲜明的是非观点却影响到了他，促使他自省，并进一步改正自身的缺点。

在家庭教育中，父母千万不可掉以轻心。别担心孩子嫌你啰唆，该说的要说，该劝的要劝，要真正做到防患于未然。

视线"节目让我如梦初醒，改邪归正。否则，今天的我也就不可能坐在大学的教室里，说不定早已成了一名盗窃犯！

> 母亲是儿童最好的教师，她给孩子的教育比所有的学校教育加起来还多。
>
> ——（前苏联）克鲁普斯卡娅

父亲的身影

张洋洋，南京某大学二年级学生，初中时，因受到不公平的待遇，曾试图对老师的女儿实施报复。

几年后的今天，我想起这件事仍不免感到后怕，尽管我爸爸至今仍不知道这件事，但是当初要不是他卖白薯的这一举动感动了我，我可能早就成了一名杀人犯了，更别提读什么大学了！

从初中毕业算起到今年我读大二，已经整整5年了，这期间我曾多次想过要回母校看看，可每次只要一想起那个可恶的刘老师，想起她尖刻的话语、锋利的眼神、丑恶的嘴脸以及她对我永远无法抹去的伤害，就会感到一阵酸楚。于是，我只得一次次地打消念头。

刘老师是我初中时的班主任，英语老师，也是当时的年级部主任，据说现在已经是那所学校的副校长了。

我所在的中学属于当地的一所重点中学，师资力量相当雄厚。我听人介绍说班主任刘老师为师20余年，教学经验丰富，英语学科能力在本市难以有人与之匹敌，感觉自己总算遇到了一位好老师，心里充满了欣慰。

要说，我不是个调皮的孩子，学习成绩还算优秀，在整个年级里至少能排在前20名，但让我没想到的是，因为一件小事竟然遭受了刘老师那么尖刻的嘲弄，从此，我的噩梦降临了。

我出生在一个小县城里，家里经济十分拮据，一直到初中二年级，仍旧连一双皮鞋还没穿过。上了初三，父母为了鼓励我考重点高中，于是省吃俭用，为我买了一双棉皮鞋。我对这双棉皮鞋甚是爱惜，这是我有生以来第一次穿皮鞋啊！

我穿上不到一周，有一天晚上下大雪，皮鞋上粘了一些泥点儿，我好心疼，将它脱下来仔细擦干净之后放在了宿舍窗台上，然后穿上旧的棉鞋上晚自习去了。下了自习，我回到宿舍，发现宿舍门虚掩着，心中顿生不祥之兆，再看窗台上的皮鞋，早已不翼而飞。我的头"嗡"的一下，霎时脑海里一片空白，险些摔倒。当我静下心来时，同学们也都回来了。知道这个情况后，他们开始帮我找，哪还找得到啊！连门锁都被人撬了，更别提窗台上的鞋子了。室长聪明，马上向值班室汇报了情况。值班室的老师紧急下令"戒严"，开始对各宿舍逐个搜查，可最终还是竹篮打水一场空。

值班室老师把我叫到办公室，语重心长地对我说："既然这件事已经发生了，你就不必太放在心上，你的主要目的毕竟是学习，我相信你不会被这件小事所累而放弃自己的追求的。"他拍了拍我的肩头，接着说："老师坚信你会勇敢地面对这些！"我眼含着无限感激的热泪，点了点头。

皮鞋丢失以后，我不仅没有消沉下去，学习反而更加努力了，为了考上重点高中，我重新拟订了学习计划，准备从第二天开始4点半就起来背诵英语单词。我调好了闹钟，放在枕边。闹钟准时在4点半把我叫醒了。我睡眼惺忪地穿好衣服，轻轻地走出宿舍，下楼一看，楼门紧锁着。我敲开值班室的门，值班老师连眼皮都没抬，说："还没到时间，5点开门，先回去吧！"我无奈，只得回去。到了宿舍门前，伸手想推门，再一想室友都很累，不要打扰他们了，索性走到楼道的窗户前，站在那里。从窗户的缝隙吹进彻骨的寒风，使我的睡意顿消，我揉了揉眼睛，朝外望去，只见外边一片洁白，天上正飘着鹅毛般的大雪。眼前的这般景象不禁又让我想起不久前的那场大雪，我又有点心疼那双皮棉鞋了。这时，听到楼梯上有脚步声，再看表已经5点了，我急忙下楼向教室走去。这个早晨我仿佛看到了前方有一片曙光在闪现，劲头十足，学习时十分投入，精力集中，学习效果很好。吃完早饭，我仍沉浸在一种高昂的情绪中，连走路也在想着功课。这时，迎面走来同宿舍的阿勇。他走到我跟前，说："值班室老师叫你，说有急事。"说完头也不回地匆匆走了过去，脸色有些异常。我心中预感不妙，难道又发生了什么事不成？

我好像怀揣着一只兔子，心中忐忑不安。到值班室一看，办公桌右边坐着值班室老师，左边坐着班主任刘老师，他们看我走进来，都不约而同地对我审视着，面孔冷若冰霜，目光中带着威严，使我全身有些不自在，觉得他们要从我身上挤压出点什么，不禁警觉了起来。

值班室老师瞟了我一眼，说："听说你今天起得特别早，而且以往从来没有起过这么早。你知道吗？就在今天早晨，你们宿舍阿勇新买的那双皮鞋不见了。"

我听得出来，值班室老师的矛头已经指向了我。还没等我开口，坐在左边的班主任刘老师搭腔："我知道你家里很贫困，买一双皮鞋确实不容易。就那样丢了谁也不会甘心，放在我身上也会这么做。'金无足赤，人无完人'，只要知错就改，依然是好学生嘛！"刘老师说完，看我没反应，又说："我们可以许诺，一定替你保密。你把鞋悄悄放到原位，要不写个纸条说放在哪儿，我去取，怎么样？"

听罢班主任的这一番话，我心如刀绞，只觉得浑身在战栗。我真怀疑，坐在我面前说出这番话的是不是她，是不是我看错了人？然而，这确实是我尊敬无比的班主任刘老师。我的双眼有些湿润，不知是缘于悲愤还是委屈，我苦笑了一声，说："那双鞋我没拿。如果你们怀疑我偷了，那就拿出证据。否则就是侵犯他人名誉权！"我不知从哪里来的这么大的勇气，这些话不是说而是喊出来的，让我自己都感到惊讶。然后，我就打开门，扬长而去。其结果可想而知，我被停课了。

此后，班主任刘老师三番五次找我谈话，对我软硬兼施，但我据理力争，我不能承认没做过的事。

俗话说得好，"好事不出门，坏事传千里"。不久，皮鞋事件闹得满城风雨，一时间，这成了校园内外的热点话题，我的"知名度"也与日俱增，走在校园里，我仿佛觉得每一个人的目光里都隐含着鄙夷和嘲讽。

此后，刘老师对我的态度很差，没有好脸色，没有好言语，而我，也只能默默承受着种种委屈和郁闷。

面对突如其来的压力，我的精力被分散了，学习成绩下降得极快，随即决定命运的分班考试来了，我很重视，一再告诫自己这次绝不可掉以轻心，但考试的结果却让我傻了眼，后来我查了试卷，是老师计算分数出的错，单科成绩都是对的，但是合计的时候少了30分。然而当我找到刘老师的时候，她却蛮不讲理地说分班已经定下来了，不就是30分吗？要是你有本事考了第一，绝对不会分到普通班去的！

就这样，我被分到了普通班，仅仅因为少了那30分，我的命运被她一手改写。不过，这却是一波三折的开始。

我在普通班很努力，因为少了来自原班主任刘老师的压力，所以成绩上升很快，加上普通班的班主任对我很好，所以，我考了全班第一，在整个年级排名第十五名，比重点班的很多尖子们考得都要好。学校校长亲自将我调回了重点班，当时重点班的班主任正是刘老师。回到重点班之后，很多熟悉的面孔微笑着迎接我，而我，却看到了她铁青的脸。

没有几天，她就又一次找我谈话。

原来是因为重点班有两个跟我特别要好的女孩儿有了男朋友，刘老师怀疑她们跟男生谈恋爱是我牵的红线，我在刘老师眼里成了她们的"红娘"。

我否认自己曾经参与过这些事，坚决地否认，可是刘老师却不放过我，她认为我有劣根性，有"前科"，我无言，泪水又一次滑落，可是刘老师却说不用装委屈。

回到教室，好朋友给我跪下了，她让我帮她担下这件事情，不要让老师知道是她主动去找那男生的，就让老师以为是我牵的红线吧！我问她，难道这就是你所谓的友情吗？

我这人心软，虽然当面质问她，却没有在老师面前揭开事情的真相，一个人暗自背上了这个"红娘"的罪名。

说实在的，老师对学生早恋的过激态度我是可以理解的，但我万万没有想到，他们早恋，我却成了受害者，还得无奈地接受老师严厉的批评，甚至可以说是责骂。

终于，我又一次因为成绩差被转回了普通班。这之后，我心里仅存的一点上进心也被刘老师打消了，特别是对她教的英语课几乎完全失去了信心，我受不了她的刁难。没有认真地听过她的一次课，完成过一次作业，于是开始逃课，只逃英语课和语文课，逃语文课，是因为我是语文课代表，而且语文是全年级第一名，我在语文课上躲进宿舍里写日记，而语文老师却并没有责怪我的意思，他说只要我成绩保持住就可以。

可是，我只有语文成绩好，别的成绩都开始下滑，英语成绩最终掉入全班倒数第一名，我在普通班的位置也排到了第十几名开外。

我突然觉得好凄凉，我只能在普通班里苟活，连信件都经常会被学生会的同学给弄丢，他们说我们普通班的信不归他们管。

身为差生，平日里受到别人的种种鄙视常常让我不寒而栗，每晚做梦都会梦到许多不堪回首的事情——尽管心中有许多想法和构思，却一直藏在内心深处，好羡慕那些"风风火火"的同学，他们的脸上总是挂着笑容，面对紧张的初三他们可以一笑了之，而我却只能躲在角落静静发呆。

期中考试刚完，刘老师突然叫了我的名字。我觉得很惊讶，她找我能有什么事？她现在不过是我的课任老师，难道还想对我怎么样？

"准没好事！"我轻声嘀咕着，硬着头皮慌慌张张地来到了她的办公室，远远看见刘老师脸上一片"乌云"，我真难以相信当时自己是怎样走到她身边的。

"洋洋，你是一个懂事的孩子，继续上学一定是你的梦想，对不对？"刘老师轻轻拍着我的肩，当时我真的很感动，一直以来，我习惯了刘老师对我的恶语相向，今天她却破天荒地对我如此温柔，真的让我有点受宠若惊。

"老师，我会竭尽全力考上更好的学校的！"我对刘老师表明了自己的决心。

"老师知道你已经尽力了，现在我有一个好方法，既能让你不用中考，又能让你上理想的学校。现在我手里只有几个名额了，机会有限呀！"刘老师还在不紧不慢地说着，"作为年级部主任，我跟你们班班主任也探讨过了，觉得你是最合适的人选，将来一定会大有出息的！"

我在想，是不是老师良心发现，用这种方法来补偿我呢？

天真的我还以为这是天上掉下的馅饼，但万万没有想到自己正一步步走入"死亡"的深渊。

"这家技校不错，你只要去参加他们的培训班，不用参加考试照样能录取！"刘老师拿着那张招生简章对我说。

我一听被刘老师说得天花乱坠的那所学校竟然只是一所普通得不能再普通的技校，顿时心里往下一沉，口中吞吞吐吐地说："可我想通过自己的努力试一试！"

刘老师明显觉得我不识抬举，立马拉下脸来，恼怒地说："那好吧，你是不见棺材不掉泪！"她当下给了我一个白眼。

接下来的日子可想而知，她没给我发参考资料、没批改我的作业，甚至指明道姓地不让重点班的同学与我玩儿，还时常在我们班若有所指的来上几句："现在的人哪真没有自知之明，一棵烂草还想扶上墙！"

当时的我受不了那种孤独和被抛弃的感觉，心想还不如到技校去呢！

回家后我与父母彻底地谈了，他们竭力反对我当一个逃兵，可就在我说出自己的无奈、压力时，他们妥协了，父亲只说了一句话，至今我仍然记忆犹新，"只要你快乐，我们就快乐！"于是乎我"光荣退休"，来到了那所技校，开始了我的"留学生涯"。

再次走进年级部主任刘老师的办公室似乎是要她盖什么章，她依旧是热情地接待，深切地恳谈。只是她非常官僚主义，在签字前不厌其烦地向我宣扬了这全是自己的功劳，如果不是她为我指点了一条明路，我哪有这么好的捷径可走？我的脸上挂着木然的笑。

就这样，我连中考都没考就进了技校。进校之后，我才明白这到底是所什么样的"好"学校！

在此之前，我一直认为中专应该跟大学差不多，那里一定有十分活跃的学生，有各种团体——什么文学社啦、漫画社啦等等，所有的一切都比枯燥的中学生活有趣得多。另外，我读的是"计算机专业"，爸爸说这个专业在社会上非常吃香，将来容易找到好工作。美好的前途在向我招手，我怎么能不开心呢？我甚至想得更远——有一个长得像董洁一样的女生，和我偶然相遇，于是我们就好上了……我开心得笑出声来，这一切，在以前我可是想都不敢去想的呀！啊，感谢中专！

可是，当我来到这所学校的时候，我的热情一下子被泼上了一盆凉水：这是我想像中的鸟语花香的学校吗？歪歪倒倒的大门，上边挂了一个大牌子，牌子上写着：某某初级中学。大牌子的旁边有一块小牌子，小牌子上面才写着我们这所中专学校的名称。我很纳闷——这到底是怎么回事？

走进学校，就更令人失望：校舍破败不堪，操场上垃圾和破塑料袋四处乱飞，整个学校看起来毫无生气。我不能够想像，这里将是我度过3年中专生活的地方！心里简直有些哭笑不得！

爸爸妈妈听到我的牢骚话，劝我说，管它校园好不好呢，咱们是来学习的、拿文凭的，又不是来休养的。我只好垂头丧气地跟着父母去报了名。来到寝室，天呀，这里简直就是电影上的贫民窟——房间里摆着几张破旧的小木床，窗户上的玻璃都没了，只用塑料布钉在窗框上，连乐观的爸爸妈妈都不禁皱起了眉头。唉，有什么办法？为了那个前途光明的计算机专业，我就豁出去了，宁愿住在这里与耗子为伍。

后来我才了解到，这所中专学校很难招到人，每个学生几乎都是被自己的老师和亲戚花言巧语"骗"到学校来的，据说，每介绍一个人，他们能从中得到600元钱的介绍费。听到这话以后，我一下子呆住了，这么说，刘老师是为了600元钱的介绍费才把我逼到技校来的？

技校的生活的确不妙，校舍是借用了初级中学的，学校里也没有几个固定的老师，来给我们上课的老师都是从外面请的。请来的老师，对我们总是一副"事不关己"的表情，让我们看了好心凉。如果我们对某个问题提出更深的疑问，老师就会说："这个问题，应该是本科生学的，你们中专生，学到这里就可以了，讲深了，你们接受不了。"说得我们好不自卑。

可恨的是，一个多月过去了，我们这些学计算机专业的，却连计算机都没有摸过，老师上课尽讲些计算机理论知识，我听得云山雾罩、不知所云。

周围的同学都不是"尖子生"，他们简直是"流氓"，吸烟、泡妞、说脏话、打架，可谓是"四项全能"啊，其中还有一些人自发组成了"色狼队"，现在想起来都让人不寒而栗。

我不敢想像，如果继续在这所无望的中专学校硬撑下去的话，将会出现怎样的结果。

万般无奈之下，我向家人坦白了自己目前的处境，爸爸叹了口气说："我也听说了，你们学校的确不行，这样下去恐怕会耽误你的一生，要是实在不行的话不要勉强，咱们重读初三吧！"

再次进入初三，我就必须与下一届的学弟学妹们平起平坐了，原本以为重读是件很简单的事，却因为刘老师不怀好意地从中作梗，而显得错踪复杂。

她先是要求对我进行再入学的资格考试，只有通过了考试，我才能顺利就读。

为了自己能够拥有一个光明的前途，为了能够给爸爸妈妈争口气，我顶着压力认真复习功课。

几场考试下来感觉良好，接下来是在家里等分数，一天两天过去了，终于得知我通过考试的消息之后，我高兴得跳了起来，父母也笑了。

第二天我和父亲雄赳赳地来到学校，可人算不如天算，学校要让我们交5000元钱的插班费！

为了把我骗出学校，当初刘老师不惜一切手段，可如今重读初三，又要交什么插班费！这是她设置的又一个陷阱！天哪！她简直是"恶魔"！"恶魔"！

说实在的，当时我们家并不富裕，爸爸下岗了，仅仅依靠妈妈每个月微薄的薪水过活，最近妈妈身体不好刚动完手术，出院后每个月光买药就要花1000多元，上个月刚好办了病退，每个月还要还房款，哪还有钱交插班费呀！

可我最终还是入学了，从始至终，我一直都没敢问父母从哪里弄来那么多的钱。

那些日子，我发现爸爸每天回来的都特晚，有时候直到晚上11点还不见踪影。我觉得有些奇怪，问妈妈："爸爸到哪里去了？怎么这么神出鬼没的？"妈妈说爸爸出去挣钱，供你上学啊！

听了妈妈的话，我的心里顿时涌起一股强烈的罪恶感，说实在的，重读初三以来，我的境况并没有多少改善，我的心里乱糟糟的，对着书本甚至完全不知道黑板上写的是什么，老师究竟在说些什么，我认定自己已经是个没有希望的人了，爸爸妈妈还要在我的身上用尽心思，自己于心何忍哪！

看看爸爸妈妈被生活所逼而日见苍老的那张面孔，我的心里突然升腾起一股无名之火，爸爸妈妈之所以要如此疲于奔命，我之所以如此狼狈，这一切的一切都是刘老师造成的！

我对刘老师恨得咬牙切齿，决定实施报复，我要她为自己的狭隘、自私、丑恶的灵魂付出惨重的代价，思前想后，我决定对她下黑手。

可是很快我就发现，我的想法不太现实，毕竟她是大人，我一个学生想对她怎么样似乎有些不可能，忽然，我想到了刘老师有个女儿，她不是经常带女儿到学校来玩儿吗？哼，我对付不了她，我还对付不了她的女儿！你不是心疼自己的宝贝女儿吗？我要把你的宝贝女儿弄死，这样也算出了口恶气，咱们也就扯平了。

接下来的那个寒假，我从地摊上花5元钱买回了一把尖刀藏在床底下，没事的时候就跑到"刘恶魔"家附近的楼前转悠，只等她女儿单独外出的时候伺机下手。

有一天傍晚，我又"溜达"到了熟悉的目的地，突然，我发现"刘恶魔"牵着她女儿的手走了出来，好机会，没准待会儿我能拣着空儿把问题解决了呢！我的心里一阵暗喜，忽然觉得藏在夹克里的尖刀硬硬的，我的眼睛渐渐被复仇的火焰烧红，我在心里告诫自己：一定不要手软！一定不能心慈！你忘记她是怎么害苦你、害苦你一家人的吗？

"刘恶魔"绕过两道小巷子，拐进了一个十字路口，突然停下了，我听到一声奇怪而熟悉的叫卖声："烤白薯嘞！又香又甜的白薯！"……

听到声音我一下子愣住了，这个声音怎么这么熟悉？只听烤白薯的在和"刘恶魔"说话——"刘老师，您的女儿长得真可爱，来，给你一个尝尝！唉，算了算了，给什么钱哪！我们家洋洋还全靠你关心指导呢！"

那个烤白薯的不是别人，正是我的爸爸！我脸上的表情顿时凝固，早已忘记了自己跟踪已久的目标究竟是何时消失不见踪迹的。

泪眼婆娑中，我凝望着在冷风中站立的爸爸，他的身影显得那么的渺小而茫然无助，那张已经有些皱了的、暗黑的脸对我来说是如此的熟悉，他将双手插在袖筒里站在十字路口断断续续地叫卖着，很长时间都无人问津，寒风卷着他的乱发，简直就像是一堆杂乱的稻草，他用袖子擦了一下因天气过于寒冷而挂着的鼻涕……顿时，我的鼻子一阵酸胀，泪水夺眶而出。

我大踏步走上前去，将爸爸的白薯往篮筐里收，嘴里叫着："爸，咱们回去吧！"

我的突然出现，让爸爸有些吃惊，也很尴尬，他从来都没对我说过每天晚上那么晚回来其实是在外面卖烤白薯。但他很快反应过来，不高兴地说："唉，你这孩子，怎么能这样呢？你不在家好好做作业，到我这儿来捣什么乱？今天还早着呢，短短两个小时我就卖了4个白薯，怎么着也挣了4元钱吧！你先回去！我早点回家就是了！"

我哽咽地叫了一声："爸！"说完这句话，我泪流满面。

爸爸似乎有些生气了，态度粗暴地对我说："你怎么这么不听话呢？磨磨蹭蹭的，真不知道想干些什么？是不是饿了？给，这是烤好的白薯，吃起来味儿香，今儿个高兴，给你妈也带一个！"

捧着爸爸塞到我手里的烤白薯，我无言以对。

走在回家的路上，我心情懊丧而沉重，忽然意识到，自己如果成了杀人犯，蹲了大狱，爸爸妈妈不是要伤心欲绝？他们的希望不全都落空了吗？

想起自己在学校里整天浑浑噩噩的窝囊相，再想想爸爸妈妈望子成龙那双渴盼的眼睛，还有寒风中爸爸立在路口烤白薯的身影，我是多么的不孝啊！我辜负了他们对我的一片苦心，我辜负了他们对我的深切期望，我要苏醒，我要以自己的实际行动来回报自己的父母。

几年后的今天，我想起这件事仍不免感到后怕，尽管我爸爸至今仍不知道这件事，但是当初要不是他的这一举动感动了我，我可能早就成了一名杀人犯了，更别提读什么大学了！

此后，每当我在学习上有所倦怠或者松懈的时候，我就情不自禁地想起了爸爸在寒风中烤白薯的身影，它就像是一根结实的皮鞭，鞭策着我认真学习，永不低头。

尽管，偶尔"刘恶魔"还会为难我，但我已经有能力控制自己的情绪，对她的无理取闹视而不见，如果我受了她的影响的话，那不正好让她的阴谋得逞了吗？为了使她的阴谋彻底破产，我必须奋发图强，用最好的成绩来回击她！

中考之后，我以全校第二名的好成绩被市重点中学录取，3年后，捷报再次传来，我考上了渴慕已久的南京大学，现在的我是学校里的活跃分子，经常在学校组织的各种活动中露脸，俨然一个校园"小名人"。

今年暑假的时候，有一天我和爸爸到菜场买菜，突然撞见了刘老师，当她得知我考上大学这个喜讯之后，先是有些惊讶，而后居然一改吃惊的表情，笑嘻嘻地说："我就知道洋洋是个有志气的孩子，现在出息了不是！"

听了她的话，我的心在哭泣，我真不知道她到底有几张面具，哪一个才是真实的自己？

> 友善伴随着孩子，他看见洒向人间的都是爱。
>
> ——（英）劳·诺尔蒂

若有所思：

"可怜天下父母心"这句话在洋洋父母的身上得到了充分的体现，为了将自己的孩子培养成人，他们付出了多少心血，付出了多大的代价啊！

当洋洋出现心理问题，甚至试图报复刘老师的女儿的时候，是父亲的一个无意识的举动让他的心灵受到了巨大的震撼，终于没有走上犯罪道路。

采访完洋洋之后，我一边为他拥有这样的好父母而感到由衷的欣慰。同时也为教育界存在刘老师这样的人而感到深深的遗憾，要知道父亲和老师的一言一行对一个孩子的成长是何等重要啊！

父亲的一席话

张伟，清华大学一年级学生，初中时曾因非礼女同学，被学校处以留校察看一年的处分。

如果不是父亲的一席话，我的命运将不堪设想。我后悔，我走了一段曲折的路；我更庆幸，我有一位善解人意的好父亲。

在我蒙昧无知的时候，如果有人告诉我应该知道的性知识；在我进入青春期的最初，如果有人对我进行正确的引导，也许我不会将性看得那么神秘而对异性充满好奇，也不会走出那么长一段歪歪扭扭的路。

记得是从小学五年级的时候起，我开始对女性的身体有了一种说不出的好奇，同龄的伙伴也大多都有这样的感觉。有时，大家偷偷摸摸地躲在学校后面的林荫深处，彼此交流对异性的看法。对于女人的身体大家各抒己见，总之都很离奇古怪，谁都想不出女人的身体该是什么样。在那个年月里，是没有可供参考的范本的，因此当有人提出女人除了比男人胸部高，其余地方都一样的时候，谁都没有表示异议，就算有异议，也拿不出证据。

那时的我对性真的是一无所知，出于好奇，回家以后我问爷爷，女孩的下边是不是也像我们一样长着小鸡鸡？可是爷爷却一脸的不快，训斥我说：小小年纪不好好念书，尽想些乱七八糟的东西！我只得呐呐地闭上了嘴，心里却感到极委屈，爸妈都在外地工作，要是他们在，肯定会告诉我的！

爷爷的一句话并没有将我内心的好奇浇灭，我将这些疑惑悄悄地藏在了心底，心想总有一天非得弄个明白透彻不可。

读初中的时候，我们仿佛一下子长大了许多，好多这方面的事情已经有些了解了，只是朦朦胧胧的仍旧不大透彻而已。

说实在的，我曾经对生理课抱着极高的期望，然而当时的大环境决定了老师不可能讲这些"出格"的知识。

那时，教我们生理课的是一位20多岁的漂亮女老师，到了"关键"部分，她就让我们自己看书，有什么问题可以问她。我瞟一下班里的女生，她们似乎有些不好意思，但又忍不住好奇似的，一会儿将课本翻到前面，一会儿又翻到后面，心神不定地偷偷地看。

有男生举手，问老师有没有大一点的、形象一点的图片？他说书上的图看不清楚。我们哈哈大笑，老师红着脸让大家自习，要安静一点。下节生理课男生可以不上！又有人大叫：老师你不要搞性别歧视，你也要单独给我们上！

奇怪，为什么老师要单独给女生上课？我想女生肯定有不少不愿让我们知道的秘密，那究竟是什么样的秘密呢？

带着这份好奇，我做贼似的把课本揣进了书包，晚上偷偷摸摸地仔细翻阅了起来……那一夜我梦遗了，从梦中惊醒后，我感觉内裤湿漉漉的，心里不由得一阵恐慌。我不知道自己的身体到底怎么了，慌乱地折腾了半宿再也没有睡着。第二天天一亮，我第一个起床，展开被子一看，显眼的"地图"印在上面……

　　下午放学回家，我满心忐忑，总觉得爷爷奶奶看我的目光有点不对劲，可他们却什么也没说。

　　从那以后，我开始关注自己的身体，更关注女性的身体，那时候，我们家附近开了一家音像店，既卖磁带、歌碟，还卖故事片，爷爷奶奶不在家的时候，我就下楼去租两盘碟片上来慢慢看。

　　经常去那里租碟，我很快就发现了一桩怪事：有时候我挑得眼睛都花了还找不到一部好片子，而有些人走过去和老板轻声交谈几句，然后老板就从里面拿出来几张光碟，他们看也不看就离开了。我很好奇，装作认真选碟，听到有个小伙子问："有没有新片呀？"我偷眼望去，发现老板拿出的碟片居然是没有封面的。

　　隔了几天，我也昂首挺胸地走进音响店，学着那些人的样子朗声问："老板，有没有新片子？"

　　老板奇怪地看了我一眼，从里面拿出一张碟片，笑了笑："呵呵，长大了……"

　　回到家里，我像往常一样将碟片放进VCD里，画面展开，我这才发现原来这就是传说中的三级片。我的手不禁抖了起来，赶紧调小了音量，拉上了窗帘，锁上了房门。在碟片的刺激下，我的呼吸变得急促起来，情绪也显得异常的亢奋，我半闭眼睛设想着自己与异性亲热的场面……

　　我刚刚"欣赏"完碟片，奶奶就回来了，她敲开门之后奇怪地问我：大白天的，你把家里弄得这么严实干什么？

　　我支支吾吾地说没什么，奶奶也没有再次追问，事情就这么平稳地过去了。

　　从那天起，我开始有了手淫，每当我一个人独自在家看"碟片"的时候，内心深处总会不由自主地升腾起一股莫名的冲动。可每次手淫过后，我又会自责不已，并在心里发誓再也不能这样，可是我感觉自己的身体就像是一头困兽，已经不受自己控制了，我无法抑制自己内心的欲望和渴求，于是一次又一次地继续下去。

刚开始的时候，我不太清楚手淫会给我带来什么危害，但我认为这是很肮脏的事情，不是一个品学兼优的学生应该做的。我觉得自己已经堕落成了一个流氓。

随着手淫次数的增加，我越发感到不安，也沮丧、自卑到了极点，我走路不敢抬头，和同学尽量不讲话，就是迫不得已要和人说话，也是满心羞涩，因为我觉得周围的同学，谁都比我强，我不如他们，我是一个可耻的人！

我感到自己的身体也受到了很严重的困扰——我经常感到头晕，整夜失眠，我一次次地对自己说这是最后一次，可是一次次地控制不住自己……

终于有一天，东窗事发。

那是一个星期天的上午，爷爷奶奶说到商场给我买衣服，还问我要不要去，我摇摇头说：我还有作业没有写，你们去吧！其实心里早就盘算好了，他们不在家，正好漏空儿让我看碟片。

他们前脚走，我后脚就迈出家门，来到了音响店，如愿以偿地拿到了一部新片，回到家里，拉上窗帘，锁上房门，我像往常一样将碟片放进VCD里，调小了音量，画面展开，我的手不禁抖了起来，我的呼吸急促了，情绪亢奋了，又开始半闭眼睛设想着自己与异性亲热的场面……

正在我感觉飘飘欲仙的当儿，爷爷竟然鬼使神差地站到了我的身后，可我却浑然不觉。

原来他走到半路的时候突然发现没带钱，赶紧折返回来取，走到家门口，看见门窗紧闭，窗帘也拉得严实，未免觉得有些奇怪，于是蹑手蹑脚地走上楼来，用钥匙捅开了大门，结果发现了这不堪入目的一幕。

爷爷正愤怒地看着我，他涨红着脸似乎要把我吞下，一脚就将VCD踢了个稀巴烂，电视信号中断了……

我知道火山即将爆发了，不知道究竟该如何收拾残局，只得吞吞吐吐地说：我，我……刚说完两个字，爷爷那硕大的巴掌向我的脸上挥来，虽然疼得到了麻木的地步，但我依旧一声不吭，因为我知道自己做错了。

事情的结果自然是糟糕透顶，爷爷气急败坏地将我暴打一顿，最后的结果是我必须写一份保证书，保证今后不再有类似的事情发生；再者就是期末考试必须考全班第一名，要不然，就将这事告诉我爸妈。

那时候距离期末考试只有1个半月了，虽然我落下的功课实在太多了，但是为了求得宽大处理，我仍旧硬着头皮答应了。

此后很长一段时间，我不敢再往那方面想，一门心思地刻苦学习起来，没想到，期末的时候，奇迹出现了，我竟然得了初一年级第一名，老师和同学都觉得很惊讶，爷爷奶奶也觉得很高兴，爷爷表情严肃地对我说：这才是我的乖孙子嘛！只要你不胡来，只要你认真学习，你要什么，爷爷都给你买！那年春节，我拿了500元的"压岁钱"，爷爷说这是对我刻苦学习的奖励。

后来，我渐渐摸出了爷爷奶奶的脾气，其实只要我在班上的学习成绩一级棒，他们就会一叶障目不见森林，以为我已经改正了所有的毛病。

我在保持优异成绩的同时，老毛病又开始犯了，这次再也不是看黄色碟片了（那样太危险，我已经害怕了），我开始接触网络，并慢慢地走上了另一条岔路……

有一天，我如往常一样去上网，有一个网友给我传来了一个神秘的网址，还怂恿我说：很好看的，不信的话，你自己打开看看！

我将鼠标轻轻一点，一个五颜六色的网页飘了出来，各种各样赤裸裸的女人在我的面前搔首弄姿，还有免费的激情电影可以观看……我的脸一下子红了，手忙脚乱地向四周观望，还好，我坐的那台机器处在最角落的位置，没人发现，于是我偷偷地仔细欣赏了起来……

从那以后，我经常躲藏在网吧的阴暗角落里，偷偷地在网上浏览这样的网站，还经常跟别人交流色情网站的网址，色情程度一般的网站被我贬为"小学级"，很有些不屑一顾的意味。

唉，现在想想，其实挺后悔的，网络本来可以成为我们青少年心灵的家园，让我们在其中求知、觅友，领略世界多元文化，获取各种有益信息，然而我却一味地追求那些不健康的负面东西，浪费了大量宝贵的时间和精力。

好在爷爷奶奶年纪大了，对于网络这些东西一窍不通，否则的话，恐怕他们早就发现我的"蛛丝马迹"了。

不过，有一次也着实有点悬。那天，我正在津津有味地看着一部网上激情电影，忽然发现爷爷已经走到距离自己只有几米远的地方了，情急之下，我"聪明"地将鼠标轻轻一点，那页不堪入目的窗口随之最小化了，我打开了新浪网开始查阅新闻，爷爷看了一眼电脑屏幕，什么"情况"也没有发现，于是催促我说：我先去买瓶酒，你马上自己回家吃饭啊！

我应了一声，等爷爷的脚步走远，心里却暗暗得意。哼，爷爷对电脑一窍不通，糊弄他简直轻而易举。

两个月后，因为我一时"冲动"，犯下了一件不可饶恕的错误，差点就被学校开除了。唉，这件事说来话长。

那天上微机课的时候，其他的同学都走了，只有同班同学小薇一个人还在忙活，我因为负责微机室锁门的重任，因此只能在一旁耐心地等待，看着她还在孜孜不倦地操作，我走了过去，关切地问道："编什么程序呢？"

"我输入的一个程序调不过来了，你来帮我吧！"她说。

我顺从地搬了一把椅子坐在她身边，共同琢磨起来。突然，我感觉到她身上有种奇特的芳香气息扑鼻而来，我打了一个激灵，心不由自主地打着颤。

这时，从她脖子下面、敞开的衣领上边，露出了她白嫩的前胸，我忽然想起了自己从前看过的那些碟片和黄色网站上的情景来……

当时，我的大脑里一片空白，只感到下意识中，我的手猛地一下子触到了她的乳房，酥软而富有弹性，我浑身就像触电一样哆哆嗦嗦的。我似乎还对小薇说了一句什么，说的什么我怎么也记不起来了。

突然，小薇又羞又气地站起来，嘴唇气得发紫，对我说："真没想到你是这么卑鄙下流的人！"然后冲出了微机室……

我当时傻了，我干了什么？我为什么要这么干？

回家的路上，我一直心情忐忑，不知道会面临怎样的结局，小薇会不会将这件事告诉老师，会不会将这件事告诉家长？会不会……

事情朝着最糟糕的方向发展着。

当天晚上，小薇的妈妈就给我们家打来了电话，说我对她女儿"耍流氓"，要将我送到公安局去！我偷听到他们的谈话后，反锁上房门不敢出来，心里忐忑不安地想着这下完了。

爷爷愤怒的敲门和责骂声隔着门板震得山响，我的心里一阵阵地抽搐着……最后爷爷粗暴地动用工具打开了我的房门，见我蜷缩在卧室的一个小小的角落可怜兮兮的，他破天荒地没有打我，只是恨恨地甩下一句：真不知道咱们张家前世作了什么孽，竟然养了你这么一个逆子！

只是他气不打一处出，威胁说要将此事告诉我的爸爸妈妈，看看他的儿子脑子里究竟在想些什么。

我一下子扑到了电话机上，哭着乞求他不要拨那个号码，不要告诉我的爸爸妈妈，我以后什么都听他的！奶奶看我哭得惊天动地的，未免动了恻隐之心，最终劝住了爷爷。

第二天，爷爷送我去上学，一个劲地向小薇的家长赔不是，为了促使学校减轻对我的处罚，爷爷还故意当着众人的面，狠狠地扇了我两巴掌，这一次我没有哭也没有喊痛，只是眼泪吧嗒吧嗒往下流……

学校曾一度要将我劝退，但考虑到我平时表现和学习成绩都不错，最终给了我一个留校察看的处分，校长义正辞严地对我说：这种事情以后可不能再发生了！知道吗？小时候就知道耍流氓，调戏女同学，长大了那还了得！那不就是新世纪的强奸犯，社会的渣滓了吗？

从那以后，同学们都开始疏远我，特别是女同学，见到我就躲得远远的，甚至还有人小声地嘀咕着说我是"色狼"。我心里苦恼极了。

一天，爸爸给我打来电话："小伟，爸爸后天就要回来了，正好你放'五一'长假，我早就答应带你到清华大学去玩儿的，一直没有时间，这次爸爸一定兑现承诺！……"

我心里有鬼，不知道爸爸这次回来葫芦里究竟卖的什么药。

爸爸如期回来了，也兑现了对我的承诺，回来之后的第二天就带着我到清华大学参观去了。

清华大学是我最仰慕的圣殿，也是爸爸大学时代学习和生活的地方，我早就想来看看了，只可惜一直没有机会。

故地重游，爸爸兴奋地当起了我的导游，口里滔滔不绝地介绍着清华园。

走到图书馆前的时候，望着昔日熟悉的一切，爸爸忍不住感慨万千，他忽然转过头来问我："小伟，说起来，爸爸当初能进清华大学读书要感谢一个人呢！可以这么说，没有他，就不会有爸爸的今天！"

"他是谁呀？"我狐疑地问。

"爸爸的爸爸！"爸爸意味深长地说。哦，原来爸爸说的是爷爷啊，可我总觉得爷爷没有那么伟大，他……

也许爸爸看透了我的心思，他看着我说："小时候，你爸爸顽劣得很，成天疏于学习，到处闯祸，没少让他们费心。你爷爷恨铁不成钢，动不动就打我。我好怕你爷爷，只得用心读书，后来总算考上了清华大学……所以，我能有今天，得感谢你爷爷。不过当我被他打得鼻青脸肿的时候，又有些恨他，我觉得他不该动手打人，有什么话不能好好说嘛！所以那时候，我就在心里发誓将来等我当了父亲，我绝不会动手打自己的孩子，哪怕他成不了材，哪怕犯了错误……"

听了爸爸的话，我羞愧地低下了头，的确，我对爷爷是充满了反感与憎恨的，一直以来，他都习惯于对我进行粗暴干涉，但爸爸的话却触及我内心深处，让我认识到了自己的无知与幼稚，以前我做过那么多的错事，难道连别人批评指正都不允许吗？一时之间，我红了脸。

爸爸的一席话，让我感到身边的他一下子高大了许多。

虽然他这些话是不经意的，但是于我而言，却感触良多，它像一股暖流流淌进我寂寞的心田……面对眼前的爸爸，我还有什么不可以敞开心扉的呢？我再也抑制不住起伏的心绪，猛地扑到爸爸的怀里，哽咽着说："爸，我错了……"

爸爸满脸写着问号，不知道我究竟怎么了。我鼓起勇气将发生在自己身上所有的事情都倒了出来。听完我的话，爸爸怜爱地抚摸着我的脑袋，看着我说："小伟，我本不知道这些事，你能够主动说出来，就表明你已经认识到了自己的错误，这是很可贵的。但是仅仅认识到自己身上的问题是远远不够的，及时回头，努力改正自己的缺点才是最重要的！你懂了吗？"

我抹干眼泪，使劲地点了点头，信誓旦旦地说："爸爸，我知道了！我一定会改正缺点努力做个好孩子的！清华大学比我想像的还要好，以后，我也要读清华大学，我要做你的校友！"

听了我的话，爸爸欣慰地点了点头。

从那以后，我一门心思地将自己所有的精力全都投入到了学习之中，每当自己心有旁骛的时候，我就自然而然地想起爸爸那宽宥的眼神，想起他对我说过的那些话，从此更加发奋起来。

中考之后，我顺利考上了理想的高中，高中毕业后，我又以绝对的优势被清华大学录取，成为爸爸的校友，实现了自己当初的承诺。面对我的表现，爸爸露出了欣慰而温和的笑容，我的心里也显得异常的轻松。

回望那段曾经迷失的日子，如果不是父亲的一席话，我的命运将不堪设想。我后悔，我走了一段曲折的路；我更庆幸，我有一位善解人意的好父亲。

> 聪明的父母总是善于与孩子进行心灵沟通。
>
> ——（英）斯宾塞

若有所思：

现在的孩子接受各种传媒不良信息的机会越来越多了，当你不能了解他的思想时，只好以监控作为手段。但这并非是把握、教育孩子成长的良策，因为谁也没有力量去阻止青少年性早熟，谁也没有力量阻止青少年对异性发生兴趣，对孩子人格的不尊重，结果就会造成孩子的逆反心理，走向愿望的反面。

我要说的是：一个成功的教育者（老师也好，父母也罢），应该给孩子一个自由宽松的心理空间，充分理解他们，并引导他们从朦胧走向清醒，只有这样，才能让孩子从根本上抵制不良风气的侵袭，自觉地走向美好光明的未来。

妈妈的卖血单据

阿丹，广州某大学一年级学生，15岁那年人工流产后一度想自杀。

我永远不会忘记15岁那年经历的一场噩梦，更不会忘记那张写有妈妈名字的卖血单据，是它拯救了我，是它让我从迷茫中彻底醒悟过来，引我走进阳光地带。

刚刚跨入初中校门那年，我的父母离异了，父母的离婚是经久的积怨发展而成的必然结果，先是爸爸在外面有了别的女人，后来爸爸指责妈妈与她所在的那家私营鲜花店的老板有染，闹得妈妈丢了工作不说，也彻底地对这段婚姻失去了信心和热度，于是愤而选择了离婚。

我清楚地记得，法院判决下来的那天，妈妈在法院门口的台阶上吻了一下我的额头，眼里饱含着泪水。

当我意识到从今往后自己再也不能同时拥有爸爸和妈妈的爱了，我多想哭、多想叫、多想让她留下来啊！

离婚后，妈妈搬了出去，独自一人暂住在舅舅家的一间小房子里，靠做一些小生意维持生计，日子过得相当艰难。

爸爸每天早出晚归地忙于"工作"，从来就很少关心我。自从跟妈妈离婚之后，爸爸一直颓废地生活着，那个传说中的女人终究没有出现，他只是一味地酗酒、胡搞乱来，整天醉醺醺的也不怎么待在家里。很多个夜晚，我一个人望着窗外漆黑的夜空，心里充斥着恐惧与害怕，我多想妈妈，我多想爸爸，我多想有一个温暖的家啊，可是那个曾经充满着欢声笑语的家到哪儿去了呢？它早已分崩离析了，它早已不属于我了。

我被孤独和恐慌驱使着，随着年龄的增长，我以自己幼稚的判断力认定是爸爸赶走了妈妈，是爸爸亲手葬送和毁灭了这个家庭，我恨他！我恨他！

记得那年的元旦，天气很冷，外面下着小雪，一般来说，这样的日子，这样的天气最适合一家人坐在一起吃饺子了，那该是多么幸福的情景啊，可我不能拥有。

我没有目的地一个人在大街上闲逛，将近中午的时候我转到了叔叔家门口，犹豫了半天，最终还是进去了。婶婶在煮饺子，她热情地招呼着我。饺子的味儿好香啊，我已经记不清自己上次吃妈妈包的饺子究竟是多少天以前了，那天，我也不知道自己究竟吃了多少个饺子，总之是吃饱了。

这时，我突然担心起来，爸爸要是回家了，看不着我会着急的，于是，我连忙给爸爸打电话，没想到他还没有回家。我幸好没回家，否则，到现在我还得饿着肚子呢！

晃荡到下午3点多，在叔叔家实在没什么事可做，只好坐车回家。家里仍然没有人，我觉得有些累了，像一条软绵绵的虫子一样瘫倒在床上。醒来之后，发现父亲醉倒在沙发上呼呼大睡，厨房里没有一丝热气，而窗外的天已经黑了，看来，我的又一顿晚饭泡汤了，只好吃泡面了。说实在的，连我自己都不知道至今究竟吃了多少包泡面，我都有些腻味了。我放弃了晚饭，选择了看电视。过了一会儿，父亲醒来了，他不愿意我看电视，把电视"啪"的一声给关了，然后用命令的语气赶我回房间学习。

这样的哀伤和凄凉绝不仅仅是一次，爸爸很少关心爱护我，只会以居高临下的口吻命令或者禁止我做这做那，很少顾及我内心的真实感受。我时常觉得自己是这个世界上多余的一分子，没有人爱、没有人疼，像路边的野草一样，似乎注定要自生自灭。

就这样，离婚后的父亲经常忽视我的存在，连让我吃饱饭这最基本的一点都做不到，就更不用说注意我的生理和心理变化了。

初一上学期的一个星期天，我一觉醒来，感觉下身湿漉漉的，掀开被子一看，猛然发现内裤一片殷红，我心里紧张得要命，怀疑自己是不是得了什么病，更害怕爸爸发现床单脏了会狠狠地揍我一顿，我赖在床上不敢起来。

但纸终究是包不住火的，当他看见我萎缩成一团的身躯和床上那团血迹的时候，并没有打我，只是从口袋里掏出5元钱扔过来，他让我自己到商店去买一包卫生棉回来塞到内裤里。

我手里攥着5元钱，感到有些无所适从。我不明白爸爸这次为什么会这么宽容，自己"犯了错"，他居然没有责怪我，可我也觉得有些不解——我的身体究竟怎么了？为什么会这样？我多么希望爸爸能告诉我这一切啊！可是爸爸什么都没说，只是皱了皱眉头，然后转身走掉了。

这就是我第一次月经来潮时所遭遇的青春期"哑语教育"，到头来，我依旧什么也不知道……

没有人关心我，没有人指导我如何走过迷茫的青春期，我并没有任何怨言，但让我感到可怕的是离婚后的父亲在生活上行为很不检点……

有一天，学校放学很早，大约下午3点左右我就回到了家里，进门之后，我忽然听到爸爸的房间里隐约传来女人的声音，我觉得挺奇怪的，爸爸这个时候应该不在家的呀，那又会是谁呢？该不会是坏人吧？想到这里，我如临大敌，顿时觉得格外紧张。

我蹑手蹑脚地走过去，轻轻地推开了父亲的房门，随着房门的开启，我听见了一个陌生年轻女人的尖叫声，那女的也就20岁出头的样子，染着一头金发，浓妆艳抹一丝不挂地靠在爸爸的怀里。爸爸看见我站在门外，也觉得很尴尬……

我又羞又气，一怒之下夺门而出，那天我去了妈妈那里，妈妈看到我脸上挂着未干的泪痕，试探地问我："怎么？你爸又打你了？你说，我去跟他拼命！"

我摇摇头，强忍住内心的痛楚，什么也没说。

那个年轻女人是个不要脸的小姐，父亲居然在家中嫖娼！

那件事以后，爸爸看我的眼神也有些不对，看来他也意识到自己做错了，但他对我却什么也没说，也许是因为这种事情根本就没法解释。我更加痛恨父亲了，觉得他对不起妈妈（尽管他们已经离婚了），对不起我，也对不起这个家。

但是从那以后，我却像着了魔一般，一到入夜时分，每当我独自躺在床上的时候，总是会不由自主地想起男男女女在一起的模糊镜头来，还有那夸张的呻吟。

一个淅沥的雨夜，我平生第一次有了自慰。

自慰之后，我忽然觉得自己的身体和灵魂都变得肮脏了，我无语独哭，原本单纯的我怎么一下子变得这样肮脏？我为自己感到深深的羞耻。

想当初，我为了买一个胸罩脸会红得像猪肝，连头都抬不起来，现在居然干起了这样的"勾当"，实在是见不得人。

可如今那个腼腆单纯的我究竟到哪里去了呢？

像所有情窦初开的少男少女一样，小小年纪又少人管教的我很快就走上了早恋的道路。初二那年，15岁的我有了第一个男朋友，他叫杨光，那是我的初恋，幼稚的我对那份感情格外的珍惜也分外的投入，热恋的甜蜜滋润着我几近干涸的心田，让我觉得心里很温暖，爸爸不关心我，妈妈又没有能力，只有男友能够把我捧在手里，放在心中，他是这个世界上对我最好的人。

那一年的情人节来得特别早，学校早早就放寒假了，这是我们相爱以来的第一个情人节。情人节前一天晚上，杨光打电话给我："阿丹，我好想你啊，到我这儿来好吗？我想和你在一起！"

我有一点犹豫，可他的声音对我的诱惑实在是太大了，那时的他就是我心中的太阳，我心中所有的欢乐和幸福之源。于是，一向诚实的我向爸爸撒了个谎，说要到好友丽丽家去做作业，如果晚了，就和她挤一床睡，叫他不用为我担心。那个随口扯的谎，竟成了酿就我一生痛苦的起点，葬送了原本属于我的大好年华。

爸爸没有说什么，他似乎觉得很正常，再者，没有我在家烦他，他岂不是更自由了？

就这样，我到了杨光的家，恰巧那天杨光的爸妈走亲戚去了，家里只剩下我们俩。

我们坐在沙发上说笑、看电视。

突然，他用力一把抱紧我，疯了似的吻我，撕扯着我的衣服。我害怕了，一边打他，一边哀求他别这样。

他说道："阿丹，我受不了啦，你给我吧！我一定会对你好的，难道你不爱我吗？难道你不相信我吗？"

听了他的话，我迟疑了，书上、电视上不是常在说"爱他，就给他一切吗？"那我是不是也要为自己心爱的人奉献一切呢？就这样，我不再迟疑，也不再反抗，因为我知道，当时的我是真的爱他。

那晚，我过早地失去了属于一个少女宝贵的贞操，那是女人一生中最宝贵的东西。只因为我要证明自己是爱他的，他要的一切我都可以给。

刚开始的时候，我很疼，钻心的疼，眼泪都流了出来。可是我还是幸福地努力对他微笑，充满了为爱献身的悲壮感。我以为这就是我要的爱情，这就是我千百次在梦中想像过的幸福生活。但事实证明我错了，而且是以我终生的痛苦和此生无法流尽的泪水也无法弥补的错。

情人节以后，我觉得自己是世界上最幸福的女孩子，我以为自己将会成为他的幸福新娘，那我以后就会理所当然地跟随他过一辈子。

刚开始，他的确对我很好，说会对我负责。可是渐渐的，他开始讨厌我像个跟屁虫似的整天跟着他。我了解他的心情，他嫌我烦，可我无法让自己不去找他，我认为既然我是他的人了，就应该看紧他。我的全副心思几乎都在如何看牢他上了，根本就无心顾及学习。我的成绩，也随之变得更加糟糕了，很快就落到了班上倒数几名的位置。

老师对我的态度也开始渐渐变得恶劣起来了，可是当时的我已经不管不顾了，书上不是说"鱼和熊掌不可兼得"吗？我只要有了杨光就满足了，杨光就是我的一切。

两个月后，一向准时的"大姨妈"还是没有来。我很害怕，去找他，问他怎么办？他无情地甩开我的手："你很烦你知不知道？别整天跟监视犯人一样地跟着我！我要学习，要成为这个学校最出色的学生。那东西没来我怎么知道！我又不是女人，也不是医生，不舒服去找医生啊，别成天像我老妈样地管着我、缠着我！"

他不肯帮我，我不知道该怎么办，又不敢和任何人说。只好一天一天地熬着，过一天算一天。

渐渐的，我发现自己的身体有些"胖"了，特别是小腹，似乎比从前大了许多，虽然有些懊恼，但我并没有意识到当时自己已经怀孕了，每天穿着宽大一点的衣服照常上学放学，偶尔跟男朋友待在一起，并没有感觉到什么不妥当。

转眼暑假来临了，有一天我在家的时候，忽然觉得眼前一黑，晕倒在地上，什么都不知道了。当我醒来的时候，发觉自己正躺在医院有点儿脏兮兮的床单上。爸爸又羞又气地指着我骂："你这个不要脸的东西！跟你妈妈一个样，是典型的贱骨头，我没有你这个女儿！"说完，摔了门扭头就走。

这是一个让人绝望而无奈的结果——我怀孕了。

妈妈一直以来都以我为骄傲，但不争气的我却给她丢尽了脸，让她蒙受了无穷的耻辱。我多么希望情人节那晚的事情没有发生，那只是我的一个噩梦，当我醒来，就什么事也没有了。我多么希望现在正躺在家里熟悉的小床上，而不是躺在医院里被别人异样的眼神注视着。但当我睁开眼睛，眼前依然是妈妈将痛苦深深隐藏的脸庞。

我抓起妈妈的手，狠狠地打着自己的脸："妈，你打我吧，你骂我吧，我对不起你，我好后悔呀！"

妈妈心疼地摸着我的脸："事情已经发生了，怪你也没有用，听妈妈的话，别想那么多，先把孩子拿掉吧！"

我只有含泪点头。

做手术要2000多元钱，爸爸根本就不管，我问妈妈有没有钱，妈妈安慰我说这个不用担心，她手头还有1000多元钱，原本是打算做小本生意的，先用了吧，再跟别人借点，没问题的。听了妈妈的话，我什么也没说。

做完手术后，坐在病床旁边暗自垂泪的妈妈终于忍不住了，她弯下腰搂着虚弱的我抽泣着："孩子，我们怎么都这样命苦啊？你知道吗？你这次犯的错有多大！你爸，他不是人，他说他要跟你断绝父女关系。而那些你曾经叫得亲亲热热的叔叔阿姨们，也不是什么好东西，你知道，妈这几天遭受了多少人的指指点点吗？孩子，妈被人指点没关系，妈是担心你啊，你出院以后，该怎样去面对那些人啊？"坐在医院的小床上，我们母女俩平生第一次抱头大哭了起来。

从医院出来之后，我搬到了妈妈狭小的房子里。为了生计，妈妈不得不继续做她的小生意，只留下我一个人在屋里待着，我好寂寞，我觉得整个世界一片灰暗，前途没了，名声没了，自己什么也没有了。

爸爸自那天摔门而去之后，再也没有来看过我一眼。妈妈一个人生活已够艰难的，她哪有什么能力再养活我？再说，我的名声将会给今后的生活带来多大的压力啊，还不如死了算了。

我想到了自杀。我想，自杀于我、于爸、于妈都是一种解脱。于是我从医院分几次买了安眠药。那天，妈妈如往日出门去了，我关好房门，将藏在床底下的安眠药取了出来，准备就此吞下，结束我的一生。可是，我一想又觉得不对劲，我这样不明不白地死在妈妈的住处，爸爸会过来向妈妈兴师问罪的，再说，公安局也会调查妈妈的，我不能给妈妈带来麻烦，我想出了一个主意，干脆写份遗书，声明自己的死与爸妈无关。

我从书包里取出一张纸，可却找不着笔，于是我试图从妈妈的床头柜里找出一支笔来。这一翻不打紧，却无意中发现了妈妈的一张卖血单据。上面清楚地写着7月28日妈妈卖了400毫升的血得了几百元钱的报酬，而那天正是我做人流手术的前一天，我忽然醒悟过来，妈妈根本没有去借钱，而是偷偷地跑到医院卖了400毫升的鲜血，才凑足了所有的手术费……

无知的我竟然"喝"了400毫升母亲的鲜血，握着那张卖血单据，我的泪水无声地往下流……

可怜的妈妈为了凑足我的手术费和营养费，居然被迫选择了卖血！我究对一个孩子来说，家庭教育是他（她）一生的启蒙教育，是任何学校教育和社会教育无法代替的。

从某种意义上讲，家庭教育不仅是基础教育，更是影响人终身的教育。孩子的心理成长同父母的生活是密切相关的，缺少父母的爱，缺少他人的关心和重视势必会对孩子带来不可愈合的创伤，单亲家庭的孩子尤其需要关心、需要爱。

竟做了些什么？我这一死就能让父母得到解脱了吗？这是对他们最好的报答吗？

我越想越害怕，赶紧将安眠药收起来扔到垃圾堆里……

我清醒过来，意识到自己不能就此沉溺下去，一定要刻苦认真地努力学习，把自己的成绩搞上去，做一个好女孩儿。

我不再是从前那个整天无所事事、不懂事的小女孩儿了，我开始改变生活态度，埋头认真学习，不理会外界的任何干扰，同学和老师都说我像变了个人似的。

是的，我已经变成了另一个人。

眼见着我的成绩稳步上升，妈妈皱紧的眉头似乎舒展了很多，我的心里也多了那么一点点的安慰。凭借着我十二分的努力，中考结束，我"出人意料"地考上了市里的重点中学，很多人都觉得十分惊讶："就凭她，也能考上重点中学？"但我的确通过自己的努力做到了。

高考之后，我以优异的成绩考上了广州的一所大学。我永远不会忘记15岁那年经历的一场噩梦，更不会忘记那张写有妈妈名字的卖血单据，是它拯救了我，是它让我从迷茫中彻底醒悟过来，引我走进阳光地带。感谢妈妈，感谢那些至今仍在爱着并支持着我的人们！

那些在细心的抚育和亲切的教养之下成长起来的人，处于穷困而不沮丧，受到痛苦而能超脱。

——（英）狄更斯

妈妈给我一本书

吴峰，作家，初一时一场车祸使他失去了一条腿。

海伦·凯勒有一位称职的老师，我有一位伟大的母亲，她将海伦·凯勒送进了我的生活中，也将光明和希望洒在了我的世界里，让我重拾起了生活和奋斗的勇气。

天有不测风云，人有旦夕祸福。13岁那年夏天的一场车祸，永远地铭刻在了我的记忆之中。

那天一早，爸爸开车载着我准备回承德老家和妈妈会合，一家三口开心地一起消夏。车行走到中途的时候，我突然感觉车身一阵剧烈的晃动，紧接着就失去了知觉……醒来之后我发现自己正躺在医院白色的病房里，身边围着好几个穿白大褂的医生和护士，他们指指点点地似乎在讨论着什么。

看到妈妈满是泪痕的脸，我的脑子里满是疑惑，我怎么会在医院里，我不是和爸爸去承德了吗？四处观望却不见爸爸的身影，我不禁焦急地询问妈妈："爸爸呢？"

妈妈见我醒了过来，不知是欢喜还是痛苦地哭了起来，她擦干泪水，攥紧我的手说："孩子，你总算醒了！你爸爸没事的，他出差去了，你安心治病，等你出院了，他自然也就回来了！"

听了妈妈的话，我自然是深信不疑，心想只要爸爸没事就好。我下意识地移动了一下身子，忽然觉得自己身体的某个部位有点不对劲。掀开被子一看，我一下子惊呆了：天哪，我另一条腿呢？我以为自己在做梦，用疑惑的眼神去看妈妈，妈妈的眼里饱含着泪水，仿佛是在告诉我这一切都是真的。

面对噩梦般的现实，我随即爆发出了绝望般的号叫，因为我实在不能接受缺了一条腿的残酷事实，我不要做残疾人！我不要自己下半辈子靠轮椅和拐杖生活，我不要……我在医院里疯了似的大喊大叫，心里充满了恐惧。

面对痛苦欲绝的我，妈妈也悲痛万分，搂着我哭成一团……

被锯掉一条腿，几乎让我对生活失去了希望。半个月之后，医院准许我出院回家休养，可我心里的伤痛谁能修补，谁能医治呢？

但我没想到，新的悲痛正在迎接着我。回到家，我才明白了一切，原来这场车祸不仅夺走了我的一条腿，更是残酷地夺去了爸爸的生命！妈妈不想让治疗期间的我过于伤心，才一个人默默担起了一切。

人世间最痛苦的事莫过于失去亲人和朋友，遭遇家庭重大变故的我，仿佛一下子从天堂坠入了地狱，世界顿时变得一片黑暗。那么慈祥的爸爸说没就没了，那么健全的一个正常人突然成了残疾，这是多么痛苦的事情啊，无论如何，我都没法接受这样惨烈的现实！这期间，我想到了很多，想起了爸爸，想起了昔日一家三口快乐如风的日子，越想越伤心……

我觉得生活是极端残酷而不公的，为什么老天爷偏偏要将这些不幸全都强加到我的头上呢！我幼稚的肩膀如何承受得住哦！

想到从此以后，我再也不能做一个正常人，不能和别的孩子一样快乐肆意地玩耍嬉闹，再也没有办法实现自己当一个足球运动员的梦想，再也……总之，我必须与很多很多的东西永久地决裂了。

想着想着，我就觉得生活无望，我甚至想到了死，也许对我来说，死亡才是真正的解脱。这样，就再也不用拖累别人，再也不用折磨自己了。

因为生活上的不如意，我的性格也变得异常的乖戾，经常为了一点小事而莫名其妙地发怒。

有时候，妈妈下班回来得稍晚了一点，我就赌气地坐在自己的房间里不搭理她，等她摆好了碗筷，将我推到饭桌边的时候，我却生气地一把将碗筷拂到了地上，小碗"哐当"一声掉在地上摔碎了，妈妈泪眼涟涟，她无声地弯下腰去收拾残局，接着又换来了一副新的碗筷。

那时候，不懂事的我，只意识到自己的痛苦，从来就没有为默默承受着丧夫之痛的妈妈想过。妈妈从来不当着我的面流泪，面对我的时候，她总是表现得很坚强，我知道她是在试图感染我，希望我乐观向上。

出院后很长一段时间，我很少与人说话，包括妈妈。我不想上学，因为害怕见到熟人，害怕遭遇别人异样而同情的目光，我无法面对别人，更无法面对自己，我的生活变得紊乱而无序。

很多次妈妈似乎想对我说些什么，但她张了张嘴，却什么也没说出来……其实我心里明白她想说些什么，她想让我振作，却又觉得简单的说教实在太过苍白，她以为时间会过去，伤痛会淡化，我也会渐渐想得开，接受现实并勇敢地面对生活。

也许她担心我独自在家时太寂寞了，专程跑到新华书店给我买回了一大包书。妈妈不知道我究竟喜欢看什么书，这些书都是书店阿姨帮着挑的。

我心想：电视看多了也腻烦了，那就看看书吧！

妈妈上班去了，我将她买回来的书摆上自己的书桌，可翻了几本都觉得没劲。后来有一本书吸引了我的眼球，那是一本外版书，叫《假如给我三天光明》。

起先被这个书名所吸引，但很快被书中主人公的感人经历所打动，我不得不承认，这的确是一本震撼人心的好书，也是我从小到大，第一本爱不释手的书。或许是因为主人公与我的命运有着某种相似之处，引起了我内心深处的共鸣吧！

我为海伦从小的悲惨命运而深深叹息，为她的不屈抗争精神所鼓舞。不幸的海伦·凯勒最终克服人生的种种困难，成了举世闻名的大作家。

与海伦相比，我仅仅是少了一条腿，但我的手可以写字可以劳动，嘴巴可以说话呀！我为自己的懦弱、绝望、萎靡而汗颜。

对，我应该坚强起来！我突然感觉到自己的眼前豁然开朗，变得一片光明，为什么我不能学习海伦·凯勒去拥抱生活、拥抱光明呢？再说了，我不是也爱好文学吗？为什么我就不可以写作呢！想到这里，我忽然感到浑身增添了一股无穷的力量。

那天晚上妈妈回家之后，我招呼她在自己的身边坐下，这是自从出车祸以后，我第一次主动与妈妈交谈，我和她一起畅谈起了海伦·凯勒不平凡的一生，当然谈得更多的是这本书对我的影响。

妈妈说："现在你爸爸已经不在了，凡事我们都要依靠自己，任何困难都不能回避，虽然你缺了一条腿，但至少你的脑子还能转，你的身体还是健康的，所以你应该振作起来！要知道，对于妈妈来说，所有的希望都寄托在你的身上，所以你一定要争气！一定不能自暴自弃，要像海伦·凯勒一样自强不息，知道吗？"

听了妈妈的话，我一个劲儿地点头，是啊，任何时候我们都不能被困难吓倒！

我觉得我不能一直待在家里，我不能荒废了自己的学业，我还有很多事情要做……我一本正经地对妈妈说："妈，我要去上学！"

听了我的话，妈妈欣慰地笑了，很快，我如愿以偿地重新坐回了教室，虽然我不得不留级重新开始，但我还是用极大的热情投入到了新的学习生活之中。原本以为迎接自己的将会是他人鄙视的目光，让我没想到的是，进教室那天，自己接受到的竟是全班一片热烈的掌声，我的眼睛湿润了……

生活、行动不便成了阻碍我前进的最大障碍。开始的时候，妈妈每天都推着轮椅送我上学，我觉得妈妈每天要上班还要做家务、负责照顾我，已经很累了。如果还要让她每天那么早送我上学的话，那实在是太辛苦了，看着她脸上憔悴的神情，我觉得一阵阵心碎。我不想让妈妈太过劳累，后来我开始尝试拄着双拐自己上学，我要自食其力。

这样，我依靠自己的力量重新"站"了起来，虽然我的身边多了一副拐杖，但我倔强的身影却从来没有倒下，一如我的灵魂。我感到了与困难作战的快乐。

中专毕业以后，我没有像别的同学一样走上工作岗位，那样的生活不一定适合我。我选择了在家创作的道路，这是我的兴趣所在，而且我相信自己能在这条路上做出成绩。

创作时遇到曲折坎坷也是难免的事，但只要一想到海伦·凯勒，我的心中就会油然而升出一股莫名的勇气，然后埋下头去继续写作。

工夫不负有心人，3年来，我相继在国内许多报刊杂志发表了小说、散文等作品，更值得高兴的是，我的第一本自传体长篇小说也即将问世。虽然，我还不能称为什么名作家，但我却实实在在地尝到了奋斗的乐趣、成功的乐趣。

我一直觉得如果不是母亲默默的支撑和引导，我就无法重新站立起来，更无法走到今天。

海伦·凯勒有一位称职的老师，我有一位伟大的母亲，她将海伦·凯勒送进我的生活中，也将光明和希望洒在了我的世界里，让我重拾起了生活和奋斗的勇气。

> 孩子们的性格才能，归根结蒂是受到家庭、父母，特别是母亲的影响最深。
>
> ——宋庆龄

若有所思：

失去父亲又失去一条腿，吴峰的确是不幸的，但是让人感动的是，虽然承受着巨大的打击与压力，他的母亲并没有倒下，依旧坚强地站立，为孩子撑起了一片蔚蓝的天空。

如果说海伦·凯勒改变了吴峰是一种偶然，那么吴峰有这样的母亲，其命运的改变将是一种必然。

一盘没有下完的棋

　　林枫，20岁，北京大学二年级学生，第一次高考落榜后一度想出去打工。

　　感谢父亲用朴实的语言为我的人生增添一笔宝贵的财富，父亲那句话将激励我的一生。我想，无论我遇到了怎样的挫折，都应该做一个不折不扣的卒子，永远选择前进。

我是一个农民的后代，没有什么值得炫耀的家庭背景，但是我这人福大命大，从村里的小学考到镇上的初中，又从镇上的初中考到了县城重点高中，虽几经挫折，最终还是进了北京大学。

当初考上重点高中的时候，我的成绩只是班上的第二十三名，可我的心里有一团燃烧着的烈火，强烈的进取心促使我不断刻苦努力。到高一期末时，我在班上的排名已经前进到了第十三名，高二下学期，我更是一鼓作气地冲入了前五名，进入高三以后，我已是班上的前三名了。

因为学习成绩上的飞速进步，同学和老师都对我刮目相看，我也随之成为了老师眼中的宠儿，同学们争相学习的榜样，心里的志得意满是自然的，但我并没有过分骄傲，只是很自信，面对即将到来的高考，我坚定地认为只要自己发挥正常，应该是能够取得一个不错的成绩的。

谁知道希望越大，失望也就越大，命运偏偏在高考前夕残忍地捉弄了我。

离高考还有几天，我突然患了牙龈炎，高烧不止，我不愿意落下功课，于是强忍着每天继续上课、听讲、做作业，但是因为我的身体原本就十分虚弱，加上牙疼，精力跟不上，我有点不堪忍受。

那两个星期正是高考前夕最关键的冲刺阶段，别人争分夺秒复习得热火朝天，而我多么渴望能像别人一样一身轻松地备战啊，可身体上的病痛却让我觉得有些力不从心。

高考很快来临，我只得忐忑不安地迈入了高考考场。说实在的，对于这次决定性战役，我的心里一点没底儿。

事到如今，我一直不敢回首那年高考的不幸往事，只记得那年7月，天好热好热。考试一结束我就知道大事不妙，因为高考三天下来，我竟然一点感觉都没有。

接下来是估分，其惨烈的结果让我简直想自杀，我知道自己这次算是彻底完了，可当时鬼迷心窍的我却在自己的第一志愿填报栏里写下了四个惊天动地的汉字——北京大学！考上北京大学的确是我一直以来最大的理想，但对于高考后的我来说，却是个不可能实现的奢望。

看着我的志愿表，班主任的眼睛眯成了一条缝儿，激动地围着我转了好几圈，他以为我一定是有把握才会这么填的，是啊，谁会拿自己的前途开玩笑呢！

老实巴交的父母压根儿不知道志愿该怎么填写，只是隐约觉得北京大学是座高不可攀的圣殿，因此未免有些心情忐忑。

而我却清楚地知道自己考得相当糟糕，反正考不上了，那何不干脆填得更高一点呢？结果其实都是一样的，那就是——落榜！

没有揭榜的那段日子里，作为一名参加高考的学生，免不了要受到别人的格外关注。走在街上，任何一个熟悉你的人都可能突然想起什么似的与你打招呼，颇为关切地问你考得怎么样？每当遇到这种情况的时候，我就轻描淡写地回答不怎么样，试图就此逃脱。若是他们穷追到底，譬如问我：那你想上什么样的大学？我就会干脆的回答我想上北大！听了我的话，他们嘴里忍不住"啧啧"地羡慕着。

我填报北京大学的消息像插上了翅膀似的，很快就传遍了四邻八落。

那些日子，许多熟悉的不太熟悉的、近的不太近的人有事没事便往我家跑，夸了我，又夸我的父母，说是我家的祖坟选得好，难怪家里要出状元。

有些做家长的未免要感叹自己家的"杂种"不争气，不好好学习，还要带着孩子一本正经地向我讨教学习经验，仿佛我已经被北京大学正式录取了似的。

二叔是在我家坐得最久的人，他这两年经营钢材着实发了点小财，而我家因为要供我读书，所以一如既往地贫穷着，正因为此，他一向都有些看不起我们。平日里，二叔很小气，即使旁人从他家里沾出一脚鸡粪他也会心疼半天，可这回他却破例变得大方起来了，信誓旦旦地向我许愿说：侄儿，只要你能够考上北京大学，没的说，第一年的学费由我包了！

看着二叔眉飞色舞的样子，想到孩子的学费总算有了着落，父亲高兴得不知说什么好，坐在一旁直搓着手看着我笑。

但我清楚地知道这件事情的虚拟性，只要我没有考上北大，这个命题从根本上来说就是完全不可能成立的，所以从始至终，我的反应都很冷淡，更不会像父亲那样及时地献媚二叔两句。

高考的结果正如我所料，我考了个超低的分数，见不得大家，这让所有寄望于我的人都大跌眼镜，老师摇着头说："林枫这孩子原本是很有希望的，但是没想到这次竟然……唉！真可惜啊！"

父亲急得直挠头，他都做好了送我去上大学的准备了，这样的"噩耗"传来，他一下子怎能承受得了？他有些惶恐地试探着问我：是不是试卷有些问题？分数统错了？要不咱们找人去查分数？

我表情漠然地摇了摇头，表示自己已经接受了这个残酷的现实，因为我知道，这次考试的结果本就如此，无可更改。

虽然是意料之中，但是得知落榜消息之后的那几天，我还是心痛至极。虽是炎炎夏日，我却是不寒而栗。

从7月至8月，我亲手制造了一场轰动不小的闹剧，闹剧的作者和主角都是我，左邻右舍都将我的事当成了饭后茶余的笑料。因为我的落榜，连累得父母在人前羞愧得抬不起头来，原来常到我家坐坐的亲朋好友再也没有向我家迈入一步，他们的眼神中充满了鄙夷和不屑，我在他们眼里成为一个不诚实的孩子。有一次在路上遇上二叔，他掏出一根烟来，点燃之后，看着我说："北京大学考上了吗？"难道二叔还不知道我落榜了吗？我沮丧地摇了摇头。

"我说，咱们家祖坟不好，从大清朝算起，就没出过读书人，世世代代的本分农民，你也甭癞蛤蟆想吃天鹅肉了，干脆跟二叔学做生意吧！我那里正好缺人手，这样也好减轻你爸妈的负担，你看怎么样？"

听着二叔的话，我感到一阵锥心地痛，特别是"癞蛤蟆想吃天鹅肉"这句话深深地伤害了我的自尊。但二叔毕竟是我的长辈，何况我本身就没考好，只能委曲求全地夹着尾巴做人，我支支吾吾地说要回去跟父母商量。

直到此时，我才为自己当初的无知而感到后悔莫及，如果自己不那么草率，还推波助澜搞得世人皆知，父母也不会因我而受到如此深重的伤害了，我也不会受到别人的这般羞辱。

那个暑假，是我过得最狼狈、最迷糊的一段日子，那种痛彻心扉的感觉使我终生难忘。痛苦、绝望使我心力交瘁，头脑里那根敏感的神经无法接受任何刺激，听到别人谈论谁谁又考上了大学，我仿佛觉得那似乎是在嘲笑我；听到凄婉的歌声，我觉得那是为我所唱。任何一样东西都有可能使我陷入无限痛苦的回忆之中，甚至电视里的喜剧也会使我莫名地泪流满面。我无法忘记——我是一个彻头彻尾的失败者，因此只能在虚幻的小说和无望的酣睡中忘却烦恼。

由于我的原因，整个家里也仿佛罩上了一层阴影，为了不影响我的情绪，父母不再大声说笑，不再谈论高考，甚至连电视也不看了，他们以为一向要强的我很快就会振作起来，没想到我的精神已经彻底崩溃，那受伤的灵魂已处于麻木状态，整个暑假过去了，我依旧处在徘徊状态，始终不能回过神来。

考上大学的同学陆陆续续地走了。想起昔日的好友也许正漫步在大学校园里，在鸟语花香的鲜花丛中享受浪漫人生；而我所面对的却是一片冰冷的世界，我简直心如刀割。

一些落榜的同学不甘失败，于是坐进了"高四"班的教室，以便来年再展雄风，只有我还闷在家里，在失败的阴影中独自伤感。

关心我的亲朋好友都劝我再去复读一年，说什么"在哪儿跌倒就在哪儿爬起来！"父母的意思也是这样的。我也在心里一次又一次地告诫自己一定要振作起来，振作起来。

但经历这次打击之后，我已心灰意冷了，也听不进任何人的劝告。我想，或许上天早就注定我此生没有读书的命，要不然为何偏偏在高考前让我大病一场呢？于是我放弃了复读的打算，任凭父母如何百般劝说亦无济于事。

其实，我比任何一个人都更想圆自己的大学梦！但我又很害怕：要是复读了，明年又一次名落孙山，那该怎么办？

人说：高考无门，脚下有路！我又何必在一棵树上吊死呢！三百六十行，行行出状元，只要努力拼搏，我相信照样能够闯出一条属于自己的路来。

反正，无论如何，我是再也不能继续拖累父母了，因为我已经18岁了，这些年来，他们为了供我读书已经付出了太大的代价，实在太苦太累了，现在是该我站起来为家里分担忧愁的时候了。

二叔那里我是不会去的，我受不了他那种高高在上的神情和对我们家的鄙视，经过深思熟虑之后，我打定了主意——出去打工。

对我来说，目前最好的选择莫过于到南方去淘金，因为我们身边有不少像我这样的年轻人到广东、浙江、福建等地打工去了，看上去他们似乎还混得挺不错的。我想自己作为一名高中生，多少还有点儿文化，只要肯学肯钻肯吃苦，就没有越不过的坎。通过自己的努力，我一定能在社会上站稳脚跟！

经过反复考虑，我把自己征战的第一站暂定为深圳，因为那边的熟人多，机会也多，再不济也不致饿死街头。

那些日子，我真的已经放弃了再进学校大门的奢望，接受了出门做一名最普通的打工仔的命运。现在想来，如果那年9月我真的成行了的话，如今的我究竟是在烈日当头的建筑工地上汗流浃背，还是在机器轰鸣的工厂里麻木地流水作业呢？

直到今天，一想起那段迷茫的日子我依然有些后怕。感谢我的父亲，感谢他在我临行前与我下的那盘棋。

父亲已经很久没有这份雅兴了，一来年纪大了眼睛不好使，二来整天杂事缠身抽不出空来，这次因为我要出门打工，父亲提出要与我下盘棋，也算是在临行前为我送行吧。说下就下，我迅速搬过椅子，摆好了棋盘，等待着和父亲过招。

父亲的棋招老到，思路清晰，时常设下陷阱等我往里掉，弄得我防不胜防。很明显，我不是他的对手。不到半个小时，我越走越难，父亲仅用两车一马的代价就把我的车马炮全部给吃掉了。无奈之下，我只能过卒。父亲似乎看出了我的意图却有意让我，并没有阻拦我的卒子。

当我把所有的卒子都压过去的时候，父亲抬起头来望着我说："枫儿，如果现在我拿'车'去'杀'你的卒，你该怎么走？"

我不解其意，没有回答。

父亲接着又说："你想赢我就必须前进，对不对？而且无论如何你都无法让你的卒子往回走！"

父亲说的是，冲锋陷阵的卒子的确只能接受这样的命运与挑战。棋下到这里，父亲忽然想起了什么似的，叹了口气，拍着我的肩膀说："其实，现在的你何尝不像这过河的卒子？已经没有了退路，只能勇敢前进啊！"

听了爸爸有意无意间所发出的感叹，我犹如醍醐灌顶一般醒悟过来。是啊，现在的我已经没有退路了，我已经读了12年书了，古人十年寒窗为的就是终有所获，而我如果因为一次失败就气馁、丧气，甚至选择放弃的话，那不就证明自己在这条路上已经走到死胡同，真的到了穷途末路、彻底失败的地步吗？那我岂不是辜负了父母多年来消耗在自己身上的一片心血？

我一下子明白过来，选择退学，不仅不能为父母减轻负担，只会让他们伤心痛苦，给予他们更大的打击！

我无语，手里拿着卒子，久久没有动静，眼泪却默默地流下来了。我抬起头来对爸爸说："爸，过河的卒子不回头，我要继续上学，你们明天就送我上学去吧！"

听了我的话，父亲明显一怔："怎么，真的不去打工啦？"

"不去了，"我说。

父亲终于露出了欣慰的笑容，他高兴地说："这就对了嘛，人生哪能一路平坦呢？刘欢不是唱过一首歌吗？看成败，人生豪迈，只不过是从头再来！你就勇敢地做那一枚过河的卒子，大胆地朝前走吧！爸爸妈妈永远支持你！"

坐在"高四"班的教室里，我全身心地融入到学习当中，每当我在学习上有所懈怠的时候，我就忍不住想起爸爸与我下的那盘棋，于是全身平添了一股力量，重新振作了起来。

一年后的高考，我发挥出色，志在必得的我再次在志愿表上郑重其事地写下了"北京大学"四个字。

当我终于接到北京大学录取通知书的那天，父亲的泪水在眼眶里直打转，激动得一句话都说不出来。

我们那里有一个固定的习俗，凡是谁家的孩子考上大学，都得请老师、亲朋还有四邻喝喜酒。酒席上，大家对我一片赞誉，许多人议论纷纷地说——

"去年，这孩子差点就考上了，只是差了几分，实在是太可惜了，今年总算如愿了！"

"我早就看出来了，林枫这孩子有异相，将来有大出息，你看，这不应验了吗？"

二叔是酒席上最活跃的一个，他的眼睛眯成了一条线，"我侄儿，我侄儿"地嚷个不停，仿佛考上大学的是他自己的孩子一样。当着所有客人的面，二叔将1万元人民币交到我的手里，说要资助我读完大学，乃至出国留学……

　　一直以来，我都在自己的心里默默地感谢父亲，他用朴实的语言为我的人生增添一笔宝贵的财富，父亲那句话将激励我的一生。我想，无论我遇到了怎样的挫折，都应该做一个不折不扣的卒子，永远选择前进。

> 心平气和的引导是家庭教育唯一正确的方式，专横，愤怒，叫喊，央告，恳求只会让你远离初衷。
>
> ——（前苏联）马卡连柯

若有所思：

　　落榜是一件不幸的事，但是一次失败，并不决定一生的失败。作为家长，对于孩子的落榜要沉得住气，作为学生，对待落榜更不可自暴自弃。

　　林枫的父亲虽没什么文化，却很有智慧。普通的一盘棋不仅让儿子深受教育，而且也改变了他的一生。

报纸上的一则消息

　　向阳，某师范大学一年级学生，曾经因妒生恨，企图杀人。

　　在这里，我要感谢我的父亲，在我迷惘的时刻是他无意间提起的那则新闻将我从死神的手中救了回来，给了我一个重生的机会，给了我一个美好的未来。

我和向杰是从小一起长到大的伙伴，我比他年长1岁，我们俩既是血缘关系较近的本家弟兄，又是世代的邻居，两家的关系一直很好。

　　中考之后，我们又一同考进了区重点中学，这所学校的升学率历来较高，父母对我们考大学寄予了很大的希望。

　　高一下半学期，文理科分班的时候，我和向杰分别选择了不同的道路——他进入了自己一向喜欢的文科班；而我从当前的形势出发（我一直觉得理科比文科有前途，将来更好找工作），选择了理科，这也成了我们走向不同命运的分水岭。如果说此前我们的成绩一直是难分伯仲的话，这以后则渐渐拉开了距离。

　　事实是，向杰在文科班如鱼得水，学习兴趣很高，成绩也越来越好，而我在理科班却度日如年，在班上的排名不断下降，心理的压力也越来越大，有时候甚至想逃离周遭令人窒息的环境。

　　高三那年的4月份，叔叔（向杰的父亲）到学校来看望儿子，当他发现向杰因学习过于用功身体消瘦的时候，毅然决定在学校附近租间房子，专门照顾向杰的生活，好让向杰顺利度过这高考前"最艰苦的岁月"。

　　听了叔叔的话，最初向杰有些犹豫，我们俩的家离学校有10多里地，他爸若是到这里租房子照顾他，那一家三口靠什么生活呢？

　　向杰的父亲抽了口烟，抬起头来说："没关系，我会想到办法的！"

　　说干就干，随后，叔叔干脆在菜市场租了个摊位，做起了小生意，一边维持生计，一边照顾向杰。我被叔叔的爱子之心所感动，人说"可怜天下父母心"，真是一点不假啊！

　　我的父亲闻讯后，觉得叔叔这样做对孩子有好处，但他和我妈都是上班族，即便想跟向杰的父亲一样为我做出牺牲也抽不出时间啊！思前想后，父亲硬着头皮赶来找到向杰的父亲，提出看在本家的面上，能否让我跟向杰一道吃饭，伙食费咱们两家各出一半。

　　没想到，叔叔当即爽快地答应了，他还高兴地说："我从小是看着这两个孩子一起长大的，就让向阳跟向杰一起做个伴，互相鼓励、互相促进吧！"

　　从那以后，我和向杰每天一起吃饭，一起上学，仿佛又回到了从前那段无忧无虑的快乐时光。

叔叔安定下来以后，对我和向杰一日三餐悉心照料，平时也经常叮嘱我们一定要好好学习，将来都考上大学，为家人争光。听了叔叔的话，我打心眼里十分感激，学习也更加认真了。

但是，不知道因为什么，我总觉得学习起来有点不得法，落下的功课也越来越多了，越是努力，成绩反而落下得越快，跟中了魔似的。我有点泄气了，认为凭自己的成绩肯定是考不上大学了，想来想去，我觉得很烦恼，于是惶惶不可终日。

因为思想包袱过重的缘故，我的精力难以集中，有时上课的时候都冷不丁会突然走神，老师若是在这样的"紧要关头"将我叫起来回答问题的话，我往往会支吾半天不知所云，因为我根本不知道老师的问题究竟是什么。

班主任老师率先察觉到了我的异常，他将我叫到办公室谈心，叫我别太紧张，同时又与我父亲联系，给我增加一些物质营养。

听了老师的话，父亲咬着牙买了一大堆的补品，可我却怎么吃也提不起精神。看着向杰和身边的同学一个个拼命地学习，我却仿佛游离于整个圈子之外，从内心深处感到自己确实对不起生我养我的父母、对不起老师的培养。想到高考临近，自己将与大学无缘，我心里感到十分害怕，常常夜不能寐。

5月下旬，父亲再一次前来探望时，精神几乎濒临崩溃的我恳求父亲将我带回去休息几天，我实在有点不堪重负了。

父亲用复杂的眼神看了看我，我知道在这个节骨眼上当逃兵，实在有点不光彩，可是我怕硬撑的话，自己在最后一刻会像一只被针扎的气球一般突然破裂……

在家的日子虽然没有老师的督促、同学们潜移默化的影响，但我却觉得心里空落落的，3天后，父亲催促我赶快去上学，我满脸不高兴，大叫着说："你们就知道上大学，我成绩差，上不去！"

"能考什么样子就什么样子，你待在家里算个啥？"父母苦口婆心地劝说我。

无奈之下，我只好又去上学，继续和向杰一起搭伙。那天中午吃饭的时候，叔叔关心地问我："向阳，你怎么了？现在好点了吗？"

面对叔叔关切的询问，我无言以对。

还是向杰多了一句嘴："他好像有点厌学情绪。"

我依旧不吱声，叔叔为了顾全我的面子，并没有多问什么，只是简单地叮嘱了几句，叫我们都不要放弃，要好好学习，才对得起父母的一片苦心。

走在上学的路上，向杰好心地劝我说："向阳，你不是说要跟我比比吗？你现在不冲刺还等到什么时候？"

他的这句话让我坐卧不安。夜间，我默默地回想着自己多年的寒窗苦读，想到自己与向杰兄弟多年、同窗多年，一直是朋友也是竞争对手，我从来都不甘心输给他，可如今向杰极有可能考上大学（要不这样，他怎么会以长辈的口吻来教训我呢），而自己比人家大一岁还考不上（照目前这种态势发展下去，这种情况极有可能），回去怎么向父母交代，怎样面对邻居、亲友的白眼？

说实在的，如果没有向杰做衬托，我倒觉得心态很平和，但是有了他，情况就不同了，别人从小就喜欢拿我们俩做比较的，如果我们俩在高考的重要关头，一个上了天堂，一个下了地狱，这样一来，我不被别人看扁了吗？

我在心里暗暗想道：都怪向杰，他要是跟自己一样也考不上的话，不就什么事也没有了吗？但向杰现在的学习正芝麻开花节节高，他又不可能停止不前，只要他存在一天，我的压力就增加一分，除非他在我的眼前消失。

那些天，与向杰在一起吃饭总让我觉得很腻味，向杰的一举一动都印在我的脑子里，想抹也抹不掉，这对我来说简直就是痛苦的折磨。

想来想去，我的脑海里突然萌发出一个可怕的念头：与其让自己受折磨，倒不如把向杰杀了，然后自杀，这样不是正好一了百了吗？我觉得这个想法不错，就是死了也要找个人殉葬啊……

此后，我一直在寻找机会。

6月20日，学校要求所有考生与家长联系，填报志愿。向杰回家后，很快便与叔叔商定了志愿，回校后又与几位任课老师碰头、商量、修改，一切进展顺利。而我竟然对老师的要求无动于衷，我不知道自己究竟该填什么样的大学，更不知道凭自己目前的水平究竟能上什么大学！回到家后，我什么也没说。

6月23日，是学校规定正式填写志愿的日子，可我依旧按兵不动，老师都有些急了。这天，父亲心急如焚地赶到了学校，中午我回到小屋准备吃饭的时候，发现父亲、叔叔和向杰都在那里等我。父亲试图做我的思想工作，促使我尽快下定填报志愿的决心，但我的反应很冷淡，仿佛需要面对的根本就不是自己的事情一样。向杰也劝了我几句，但我依旧固执地转不过弯来。

下午两点，快上课前，父亲和叔叔又来到学校找我，发现我正一个人趴在二楼教室外的走廊栏杆上痴呆地望着远方。父亲轻轻地走了过来，安慰我说："志愿还是要填的，试还是要考的，你就是只考了1分，我也不怪你！"

我嘀咕了一句："我的志愿怎么填？我不知道有什么志愿！"

这时爸爸对我说："不知道怎么填？没关系，我们上楼，看看向杰是怎么填的，这样可以相互借鉴一下。"

我们中学的这幢教学楼主楼共四层，四楼仅中间一半有两间教室，两侧都是平台。向杰的教室就在四楼，正在教室填写志愿的向杰抬起头来望见了我、父亲和叔叔之后，马上走出了教室，朝我们微微一笑，先是告诉叔叔他将自己的一个志愿做了改动，然后又问我怎么样了。

父亲就势请向杰指导我究竟该怎么填写志愿。经过与老师的几番交流，向杰也算得上半个填报志愿的专家了，听了父亲的话后，向杰满口答应，他拉着我的手走向西平台，我们俩边走边谈，不知不觉走到了平台北侧的围栏边。

向杰轻松地坐到围栏上，一条腿翘在上面，继续与我谈心，我则心烦意乱地来回踱步。我越是看着向杰神采飞扬的样子，越是感到一种难言的悲哀，心里暗暗想着："向杰，你怎么总是折磨我？既生瑜，何生亮？你要是不死我也没办法活了！"

但是，究竟该如何下手，我始终没能理出个头绪，想到那鲜血淋漓的惨状，我的心里不住地打战。

正在这时叔叔突然在远处喊："向杰，你不要坐在栏杆上，那里危险！"

叔叔的话一下子提醒了我，这里的围栏不高，刚及腰部，从楼上往下望去，下面是一块平整的水泥地，如果人从楼上掉下去的话，必死无疑。如果我将向杰推下去，结果会怎样呢？本来此刻就应该是绝佳的机会，向杰对我没有丝毫的戒备，而我又站在他的身边，只要稍一用力，向杰的生命就会宣告结束了……但我不能，父亲和叔叔正站在远方看着我们呢，我没有这份勇气。

我灵机一动对向杰说："向杰，我心里很烦，今天是星期五，反正晚上阳台上也没什么人，咱们就到平台上来好好谈谈心吧！"

听了我的建议，向杰点了点头。

我在心里暗想，今天晚上就是你的死期，你就等着瞧吧！我还想到向杰出了"意外"之后，我也不想活了，但我不想跳楼，头朝地摔得血肉模糊的太残忍了，我想为自己留个全尸。

下午，经过校外药房的时候，我忽然想到了买安眠药，可惜药房的药剂师根本就不想卖药给我，我对他说自己精神上压力太大，实在睡不着觉，求他救救我，哪怕给我一片两片都行。

我知道药剂师是怕我们年纪轻轻的买了安眠药回去自杀，干脆打开窗户说亮话："你比我懂，一两片安眠药还不至于对生命构成威胁吧，你怕什么呢？我大好青春的，不会无缘无故寻短见，你就放心好了。"

就这样，连哄带骗，我终于获得了宝贵的4片药。

为了凑足药量，我先后跑了近10家药店，如法炮制地弄来了近40片安眠药，我想这么大剂量的安眠药该足以置一个人于死地了吧？这样静静地死去，倒不失为一种解脱，面对死亡，我感到自己的心里很平静。

那天晚上，父亲没有回家，他买回了一大堆好吃的到叔叔的房子里，说是也要下厨房尽一个做父亲的责任。

晚饭之后，父亲坐在沙发上看报纸，我正在心里盘算着等会儿的行凶计划：先杀了向杰，再写封遗书，然后服药告别这个世界……

正在一旁看报的父亲突然长叹一口气说："可惜啊可惜，一下子毁了两个孩子！"

叔叔随即凑了过去，好奇地问："怎么了老哥，可惜什么？"

"你看，这里登着一则消息——昨天晚上，南京某高校学生公寓发生一起惨剧，该校大四女生刘某惨遭室友张某毁容。"

据报道，由于张某和刘某喜欢上了同一个男生，而该男生选择了刘某，张某心里觉得不平衡，觉得"刘某凭借一张妖精脸勾搭自己的心上人"，决定"毁掉她那张狐狸脸"，于是将一瓶硫酸泼到刘某脸上……

警方目前已经依法逮捕了张某，等待她的将是法律的严惩。

父亲将报纸抖得哗哗响，感慨万千地说："现在的孩子真不知道究竟是怎么想的，放着好好的日子不过，偏要害人害己，现在入监狱了吧？嗨，人活一辈子有时候走错那么一步就会后悔一生啊，其实有些事呢，想开了也没什么大不了，没必要走极端！那样的话，最后受伤的不仅是他人，还有自己，自己的亲人……"

父亲突然想起什么似的转过脸来对我和向杰说："向阳、向杰你们俩可要小心啊，犯法的事可做不得！"

说者无心，听者有意，父亲的话犹如一剂强心针让我倒抽一口凉气。

要知道，我脑子里想的可比毁容有过之而无不及啊！

我想到，即便我真的神不知鬼不觉地将向杰推下高楼摔死，又有什么意义呢？他跟我往日无冤、近日无仇的，再说了，叔叔一向对我照顾有加，向杰其实对我也不错，换了别人，才懒得管你填什么学校呢！我这样做，不等于是恩将仇报了吗？那我还算是个什么玩意儿？再说了，即使向杰死了，我服毒自杀，这样就能彻底解脱了吗？我的父母该怎么活，向杰的父母又该怎么活？

父亲无意间谈起的那则新闻在我的心里激起了巨大的涟漪。当天晚上，我如约和向杰到教学楼平台谈心，我们谈了很多，谈了这些天来我的彷徨、错乱，我们的手紧紧地握在了一起。

大概向杰一辈子也不会想到有这么一天我曾经动过对他下毒手的念头吧！

自从打消了对向杰下毒手的念头以后，我的心里一下子轻松了许多，虽说上大学离我还是有一定的距离，但我并没有就此放弃。

高考结束后，我的成绩很不理想，而向杰则顺利考上了大学，但我心里很不服气，我不认为自己比向杰差，我要从头再来，一定要走到他的前面。思前想后，我决定复读！

父母对我要求复读的感情很复杂，一方面他们希望我考上好的大学，能够出人头地；另一方面，他们又担心我的精神状态，如果重读高三的话，万一压力过大导致精神分裂怎么办？我向他们表明了决心，也打消了他们的疑虑，毅然地投入了复读的生涯。

终于，工夫不负有心人，一年后，我如愿以偿地考上了南京师范大学，也算是扬眉吐气了一回。

得知我被录取的消息后，向杰特地赶来祝贺我，他讪讪地说："兄弟，其实我也想考南师大，但考虑到录取分数线较高，我没敢填，真羡慕你啊！"

听了向杰的话，我笑了，其实没有他做参照物，我又怎么能够考得上呢?

也许，在人生的跑道上，我曾有那么一程落后于向杰，但我不甘示弱，最终通过自己的努力，迎头赶了上去。

身处大学校园，象牙塔里的生活很是惬意，但我并没有放松对自己的要求，我要和向杰在人生的道路上一直比下去。

在这里，我要感谢自己的父亲，在我迷惘的时刻是他无意间提起的那则新闻将我从死神的手中救了回来，给了我一个重生的机会，给了我一个美好的未来。

培养人，就是培养他对前途的希望。
——（前苏联）马卡连柯

妈妈给了我温暖

张杰，四川某重点中学高一年级学生，曾有过数次抢劫行为。

有了妈妈关心我、爱护我，我再也不用像个小乞丐似的受人鄙视与嘲笑，再也不用做拦路抢劫的勾当了。不敢想像，若是没有妈妈给我的那般温暖，今天的我该是怎样一种命运。

小时候，我生活在一个幸福的家庭里。在别人看来，父母事业有成，而我更是聪明可爱，一家三口其乐融融，实在令人羡慕。

　　本来照这样发展下去，我的未来会是无限美好的。可是，谁也没有想到，我10岁那年，感情一向很好的父母突然闹起了婚变。我从母亲断断续续的哭泣中隐隐约约地得知，原来，随着地位的攀升和公司业务的扩大，父亲不可避免地频频出入高级宾馆酒楼，特别是他所从事的建筑行业，应酬日益增多，经历的诱惑也越来越多。这样一来，父亲从回家越来越晚发展到回家越来越少，终至十天半月不回家。

　　终于，原本美满幸福的婚姻危机发生了——爸爸被舞厅一位年轻貌美、温柔多情的小姐迷住了魂，遂向妈妈提出了离婚。

　　母亲本来在单位兢兢业业，在家相夫教子，过着与世无争的生活。为了丈夫的事业，为了儿子的健康成长，她可谓倾尽了全部心血，可现在，丈夫事业有成了，竟想一脚把自己踹掉，让这个好端端的家庭走向瓦解。一想起自己从前的百般付出，想到丈夫的移情别恋，妈妈就气不打一处来，她坚决不同意离婚，并把这件事反映到父亲所在公司老总和妇联那儿，希望得到他们的支持。于是，一场离婚拉锯战开始了。

　　父母闹离婚，只有我夹在中间受尽委屈。以前总是飘出欢声笑语的家里不断传出争吵、打斗的声音，单位、妇联、居委会、法院的同志都上门调解过；而妈妈在经历了半年的离婚大战后，感到身心俱疲，她对这个家也已经完全绝望，终于同意与爸爸解除婚姻关系。离婚之后，我被判给爸爸抚养。

　　10岁的我本该正值少年不识愁滋味的幸福时期，但当父母从恩爱夫妻到反目成仇而决然分手时，我年幼的心理经历了大起大落，感到分外的惶恐不安，我不知道父母离婚后，自己将面临怎样的生活。

　　爸爸与妈妈离婚后不到3个月，就迫不及待与那位妖娆性感的舞厅小姐结了婚，自此以后，爸爸每天拥着新欢吃喝玩乐，想着法子讨她欢心，根本就没有心思管我的学习与生活。

　　眼见父亲对自己不闻不问，继母又对我指桑骂槐，我感到很难过，为了不至于受到继母的欺压，每天回到家我都是战战兢兢的，生怕犯了事，引起继母的不满。

想起爸爸妈妈感情好的时候，对我百般娇宠，那时的生活是多么的快乐幸福啊，但现在这一切都不复存在了，每天只有父亲的漠视、继母的冷眼，我多次跑到自己的小屋里蒙上被子偷偷地哭泣。爸爸不管我，妈妈管不了我，这个世界上已经没有人能将我拯救出苦海了吗？我觉得心里很悲哀。

看着继母一天比一天阴沉的脸，我似乎有一种预感，更大的灾难正在等着我。果然，几天后的一个晚上，我在漱口的时候不小心将杯子打碎了，继母一见怒不可遏，抓起我就是"啪啪"两记响亮的耳光。

挨打之后，我只觉脑袋"嗡"的一声响，便软软地倒在了地上。这是10岁的我自出生以来第一次挨打，我止不住心中的委屈，在地上嚎啕大哭起来。

继母一见，朝地上的我又是一脚。我的一声惨叫，终于引来了爸爸的干预。可是，他话还没说几句，继母抓住他又哭又叫："你这个狠心贼，当初为了把我哄到手，说对我如何如何好，现在，我一进门就当后妈，家务一大堆，你何曾对我好过。特别是这个小兔崽子，我横竖都看不顺眼。你说，要我还是要他……"

眼看新婚妻子气得柳眉倒竖，露出河东狮吼的真面孔，爸爸一下子泄气了，不敢再为儿子开脱了。那一晚，我失眠了，不光是肉体的伤痛，还有比肉体更痛的心灵伤害，这使我小小的心灵背上了沉重的精神压力。

爸爸现在也是骑虎难下，他到现在才发现，原来自己新娶回家的妻子已不是那个娇俏可人、善解人意的小女孩儿，她已渐渐露出其好吃懒做、生活奢侈的本性。为了满足她日益膨胀的欲望，爸爸只得在外面拼命挣钱，他回家的时间自然是越来越晚。这对于我来说，噩梦就更加频繁了。

以前爸爸在家的时候，继母还有所顾忌，明目张胆地迫害我的时候并不多，现在爸爸不在家了，这个家就是她的个人王国，她每天坐在沙发上围着电视看肥皂剧，对我颐指气使，我不光要在继母的指挥下每天洗碗、拖地、倒垃圾、洗衣服，而且经常受到继母的打骂。因为家务繁重的缘故，我经常因为这而上学迟到，可老师却管不了这么多，不由分说地让我罚站、抄写课文，每当这个时候，我真的很想放声大哭一场，将心中积存的委屈一下子发泄出去。

跟着继母过日子，很多时候，我连饭都吃不饱，而继母因为有零食吃，自然不会觉得饿了。但我不敢向父亲说，而且我知道，即使向父亲说了，也不能改变什么，继母不但不会动恻隐之心，反而会对我变本加厉地折磨。

有时候看到继母看着电视发笑，我多羡慕啊，其实，我也很想看看久违的动画片，可是家里的电视被继母一个人"承包"了，哪儿还有我的份儿？无奈之下，我只得跑到邻居家和伙伴一起看。

邻居看到父母离异之后，我一下子变得蓬头垢面，身上穿的也是脏兮兮的，与以前那个天真活泼的小张杰相比简直像是换了个人似的，也觉得很痛心。

有一天，我在邻居家看电视，邻居留我吃饭，吃完饭后，爸爸过来接我回家，善良的邻居委婉地向爸爸提出，让他不要太过专注工作，也应该抽出一点时间好好照顾照顾家庭和孩子。爸爸满脸都写着彷徨和无奈，已然没有了以前的神采飞扬，看得出来，他在离婚又结婚后，精神已经变得有些麻木了。

居委会得知情况以后，曾经想出面来做我继母的工作，让她履行做母亲的责任，关心和照顾我，可这帮老太太的计划还未付诸行动，就遭到了当头棒喝。

因为家庭变故后，我的精神面貌和学习成绩都较之以往变得有些面目全非，班主任觉得奇怪，就上我家来家访，当她了解到我家的变故之后，对我非常同情，就从一个教师的角度，婉转地对继母提出忠告，希望她不要毁了孩子的一生。

谁知，班主任的话还未说完，继母就火冒三丈："喂，他又不是我儿子，他成龙成蛇关我屁事！至于在家里我们怎么待他，这全是我们家的事情，外人管不着！如果你觉得孩子在我们家受了委屈，你有本事把他弄到你家里去喂养，在这儿说风凉话自然轻松。妈的……"

继母一番不堪入耳的脏话，让还未结婚的班主任老师羞得抬不起头来，工作没做成，倒窝了一肚子的气，老师觉得很沮丧，只得快快离去，此后再也没有老师到我家来过，但他们对我的态度较之以前却好了很多，我想这种转变多半是出于同情吧！

事后居委会的大妈们对继母也不敢轻举妄动了，看来她们也害怕继母撒泼骂街。

没有人来拯救我，我还得继续忍受着继母的折磨。

一天，我在学校做大扫除，回家晚了，我连晚饭都顾不上吃（其实也没什么吃的，泡面而已），赶紧猫进房里写作业，因为当天的作业实在太多了，不抓紧的话我担心做不完作业，那样的话，明天上学就要挨老师的批评了。

直到晚上9点多钟，继母在外玩够了（可能是打麻将去了吧），才夹着烟哼着歌儿进了门，当她发现自己中午吃的碗，换下的衣服还未洗，抓起我又是一顿拳打脚踢，一边打一边骂：这么大的孩子我养你有什么用？一点事都不帮我做！还不如我养条狗呢！养条狗还知道看家……

继母的话很难听，她的拳打脚踢更让我觉得疼痛难忍。我的声声惨叫，让邻居感到毛骨悚然，无奈之下，他们拨通了"110"。警察按门铃进屋之后，继母才停止了打骂，当警察试着了解情况的时候，继母没好气地说："我在教育孩子，你们不要多管闲事！"说着就把对方挡在了门外。

警察走了之后，继母对我又是一阵好打。

自此，缺少家庭温暖的我变了，性格既怪异又自卑。我觉得老师也对自己不那么好了，同学也不和自己玩儿了。在偌大的校园里，我常常一个人独来独往，我感到十分孤独，我甚至不想上学了。

终于，有一个周末，我从父亲的口袋里偷20元钱，一个人悄悄乘车回到了乡下爷爷奶奶家。只不过几个月不见，自己的宝贝孙子竟然变得衣衫褴褛、目光呆滞，好似一个小乞丐，这让我的爷爷奶奶大吃一惊，他们把我搂在怀里恸哭。久未受人疼爱的我，扑在爷爷奶奶的怀里哭了个够。

在问清缘由后，爷爷奶奶气愤不已，当即带着我返回城里，准备找爸爸兴师问罪。谁知，继母见我回乡下搬来了爷爷奶奶，恼羞成怒，当着爷爷奶奶的面，抓起我又是一顿好打。

长这么大，爷爷奶奶都舍不得碰我一根手指头，现在见孙子当着自己的面挨打，爷爷心痛得不得了，忙上前劝解。在拉扯中，继母竟然将爷爷推倒在地上，并口口声声骂两个老东西多管闲事活腻了。

爸爸一向敬畏爷爷，刚才还站在一旁唯唯诺诺，准备好言相劝，先将两位老人稳住再慢慢计较，没想到这个女人竟然对老父亲如此无礼，他再也忍不住了，冲上去给她狠狠两记耳光。

继母被眼前的这一举动惊呆了，半晌才回过神来："好啊，姓张的，你们一家老小一起来欺负我，咱们走着瞧！"说完，她把门重重一摔，冲出屋去！

见此情景，爷爷奶奶气得连饭都没吃，训斥了爸爸几句就回老家了，爸爸怎么劝也劝不住。

第二天，我放学之后回到家里，发现屋里一片狼藉，最不愿意看到的事还是发生了：那个狠毒的女人走了，她把家里洗掠一空，存折和值钱的金银首饰，一样都没有给我和爸爸留下。

面对这样的结果，爸爸仰天长叹，浑浊的泪水大颗大颗地滴落下来。那一晚，爸爸出去喝得酩酊大醉，在大街上睡了一晚。而可怜的我，那天晚上只吃下半碗冷饭，望着凌乱的家里，我有点无所适从的感觉。

常言道，福无双至，祸不单行。就在爸爸又重新成为光棍加穷光蛋后不久，他又被免去了副总经理的职务。

面对免职，爸爸黯然神伤，这次免职完全是因为女人，也就是继母而惹的祸。当初，为了满足这个欲壑难填的女人，他为建筑工地做了一批劣质材料，从中捞了1万元的好处费。幸亏公司发现及时，未造成质量事故。追根溯源，爸爸成了第一责任人，自然要承担后果……

家庭、事业连遭惨败，如今落得个人财两空的结果，这让爸爸自感在单位和邻居眼中有点抬不起头来，每天只是借酒浇愁。泡在酒罐里的爸爸哪里顾得上管我，悲剧的序幕就这样拉开了。

那天，我放学回家后，怯生生地告诉父亲，学校要交20元资料费，规定明天交清。爸爸一把将我的书包打落在地，打着酒嗝说："资料费？我连喝酒的钱都不够，拿什么去给你交……"说完，爸爸跌跌撞撞地进屋睡觉去了，他才懒得理我呢！

父母离婚后，我的学习成绩一落千丈，早已不是昔日班上令人羡慕的学习委员，而因为家庭变故和家中经济的窘困，我已经多次在班上出够了洋相。这次，我无论如何也要按时交清资料费，否则，又会遭到同学们的耻笑的，而我已经受够了遭人耻笑的辛酸，不想再过这种日子。

晚上，我满怀希望地来到母亲那里，希望母亲给我点钱，帮我渡过难关，可母亲家的门紧锁着。好心的邻居告诉我，我母亲下岗了，现在每天晚上都去很远的一家干洗店打工，要深夜才会回来的。

我一听，禁不住悲从中来，想不到原本好好的家一下子落到了这步田地。那晚，躺在床上，我辗转反侧，怎么也睡不着，我在苦苦思考，究竟怎样才能交清资料费。

已经凌晨两点了，爸爸还没有回来，八成又在哪儿喝醉了。

父亲回来的时候，我早已睡实了。第二天早上，我在家磨磨蹭蹭地不愿上学，我想等父亲醒后再次向他要钱。可当我怯生生叫醒睡眼惺忪似乎还没有醒过来的父亲，说出要交钱的话后，父亲依然极不耐烦地把手一伸："没钱！"说完，他披上衣服上班去了，留下我一个人待在屋里。

我见最后一线希望也破灭了，只好硬着头皮去上学。走在上学的路上，我一直在想，是不是要编造一个谎言，譬如说家人出差去了？缓一缓再说？可是老师会相信吗？老师肯定会说：知道了，又是你在拖班级的后腿！我感到自己的脸有点燥热，一股羞愧的情绪随之涌上心头。

看着那些嘻嘻哈哈如快活的鸟儿一样上学的孩子，我不由自主想起了以前的自己，我多么留恋以前的那些幸福快乐的时光，多么羡慕现在还在快乐上学的其他孩子啊。忽然，我把目光停在了一位小女孩儿身上，只见那小女孩儿掏出50元钱，到小吃店买了一个面包一瓶饮料，边吃边走。

唉，我这么大的人还不如一个屁点大的小女孩儿呢，活着还有什么意思啊？我心里想着，要是小女孩儿手中的钱全是我的那该多好啊，那我就可以交清资料费，不用受老师的白眼、同学们的嘲笑了。

想到这里，我突然有种强烈地将小女孩儿的钱占为己有的冲动。对，把她的钱抢过来！我为自己这个可怕的想法吓了一跳，但看看四周并没有人注意自己，我的胆子大了起来，于是便尾随着小女孩儿，一直走到了一个没人的小巷口，我一把抢过小女孩儿手上的钱撒腿就跑……

直到上课铃响，当我把钱交到老师手上时，我的胸口还有一只兔子在跳，说话也显得语无伦次的，我的耳边老是响起那位遭劫后受到极端惊吓的小女孩儿的哭喊。

那次抢劫小女孩儿得手后，我虽交清了学校的资料费，但内心十分恐慌，生怕警察会突然找上门来，将我抓走。一连好几天，我都在做噩梦，梦见小女孩儿和她的家长一道来学校找我算账，梦见公安民警来抓自己。

一段时间过去了，依然风平浪静，什么也没有发生，我这才长吁了一口气。我暗自下了决心，只此一次，下不为例，以后决不再干抢劫的勾当。可是，我的这一决心很快就变得毫无底气了。

很快，学校准备组织春游，而我还在犹豫要不要去，平日连交饭费都难以凑齐，春游属于额外消费，爸爸肯定不会给我钱的，还是不去了吧！我在心里想。

这时好友跑过来问我："张杰，后天周末，老师组织春游，你去吗？"

我支支吾吾地说："我，我不想——去！"

"干吗不去？我请你吃冰激凌！去吧！"好友几乎是在哀求我了，可我心里的难言之隐他怎么能够理解呢！

这时坐在我后排一个叫孙磊的小男孩儿出声了，他轻蔑地一笑，说："我看你还是别叫他了，我看他就是个穷光蛋，像个孤儿似的，哪儿有钱春游！"孙磊的话一下子击中了我的痛处，我的心里隐隐作痛。

好友不服气地为我出头，涨红了脸与孙磊争执，末了还对我说："张杰，这次春游你无论如何也得去，我请客！千万别被人看扁了！"

我站起来硬着头皮制止他们俩的争执，说："你们别吵了，后天我和大家一起去就是了！"

我的话让孙磊闭上了嘴巴，而我却陷入了困境。一天的时间很快就过去了，再过一天就是春游的日子了，而我连车费都没能凑齐呢，真是急煞人也。可我已经在同学面前信誓旦旦地表明了态度，现在怎么能够退缩呢？

没有钱，我又想到了抢劫。

这次经过一番观察，我决定在一所小学前的一条小路上伺机行事，当然，最重要的是保证安全，做到万无一失，抢到钱后最好先去吃点东西，因为我觉得肚子有点饿了。

好不容易等到放学了，可学生都是三五成群，我不敢下手。直到等得肚子咕咕叫了，终于，我看见一个小女孩儿一蹦一跳地过来了，发现目标之后，我禁不住一阵窃喜。小女孩儿毫无防备地来到了我的跟前，我一下子蹿出来，一把抓住小女孩儿脖子上的红领巾低声喝道："把钱交出来！"

小女孩儿被我吓得目瞪口呆，哭着说："我没钱……"

"不准哭！"我觉得心里有点慌张，生怕她的哭声将旁人招来，赶紧威胁她说："没钱我就勒死你！"

小女孩儿感到脖子上的红领巾被我越勒越紧，有些害怕了，只好哭丧着脸乖乖地交出了身上的钱。这次，我从小女孩身上总共抢到了19.80元，拿到钱后，我扬长而去，赶紧奔到街头小吃摊狼吞虎咽地吃了一顿。晚上，回到家后，我心想这下好了，不担心春游没有报名费了。

但是，春游大家都会吃零食、买东西，我这点钱只够交报名费，还不是低人一等？

第二天一大早，我起床后，走到水龙头前用冷水抹了一把脸，又出去寻找新的猎物了。这天早上，我不仅抢了一个8岁男孩儿的5元钱，还把男孩儿吃了几口的馒头也抢过来吃了。

下午放学后，我在小路上转悠，准备伺机继续抢劫，不料无意之中居然撞见了母亲。母亲看到我后快步走了过来，我想躲，可已经没有去路了，只得迎了上去，叫了声妈妈。

妈妈看到我蓬头垢面，穿得不像样子，一下子心疼地将我揽入了怀里，哭着对我说："小杰，看你，衣服都这么脏了，爸爸对你好点了吗？"我没有说话。

走到半道的时候，妈妈特地为我买了一身新衣服，多日来所受的委屈一下子如开了闸的洪水一般倾泻而出，我再也忍不住了，将内心所有的委屈，全都倒了出来。

听了我的话，妈妈的眼里湿润了，她哽咽着对我说："要是你愿意的话，以后就跟妈妈过吧，妈妈不要你受丁点委屈！"

晚餐，妈妈做了很多好吃的，我忍不住狼吞虎咽起来，妈妈怜爱地看着我，夹了一块排骨放进我的碗里，笑着说："慢点吃，没有人跟你抢！"

我以为妈妈也像爸爸一样已经不爱我了，已经不关心我了，但我想错了，妈妈是爱我的，要不她怎么对我这么好呢？爸爸妈妈离婚之后，我第一次感到了难得的母爱与温暖。

有了妈妈关心我、爱护我，我再也不用像个小乞丐似的受人鄙视与嘲笑，再也不用做拦路抢劫的勾当了。不敢想像，若是没有妈妈给我的那般温暖，今天的我该是怎样一种命运。

在妈妈的照顾之下，我静下心来认真学习，学习成绩很快就赶了上去，中考之后，我考上了区重点中学，妈妈也露出了难得的笑脸，但我并不满足于现在的成绩，我想通过自己的努力，3年之后一定要考上一所好的大学，将来好好报答我的母亲，像她今天对我一样，我要让她过上幸福的生活。

母爱是一种巨大的火焰。

——（法）罗曼·罗兰

若有所思：

　　张杰是一个本质并不坏的孩子，是家庭的变故、父亲的颓废将他逼上了绝路，走上了歧途。

　　事实证明，父母离异而导致孩子出现心理问题和行为犯罪的几率相当高，所以为人父母者，在不得已离婚的同时，也要为自己的孩子考虑考虑，因为孩子是无辜的，他们最起码的生存权利应该受到尊重。